自闭谱系障碍儿童早期干预丛书　　丛书顾问　方俊明

丛书主编　苏雪云

如何发展自闭谱系障碍儿童的社会交往能力

吕　梦　杨广学　编著

图书在版编目（CIP）数据

如何发展自闭谱系障碍儿童的社会交往能力/吕梦，杨广学编著.—北京：北京大学出版社，2014.1

（自闭谱系障碍儿童早期干预丛书）

ISBN 978-7-301-23496-9

Ⅰ.①如… Ⅱ.①吕…②杨… Ⅲ.①自闭症–儿童教育–特殊教育 Ⅳ.①G76

中国版本图书馆CIP数据核字（2013）第277418号

书　　　名	如何发展自闭谱系障碍儿童的社会交往能力
著作责任者	吕　梦　杨广学　编著
责 任 编 辑	李淑方
标 准 书 号	ISBN 978-7-301-23496-9/G・3745
出 版 发 行	北京大学出版社
地　　　址	北京市海淀区成府路205号　100871
网　　　址	http://www.pup.cn　　新浪微博：@北京大学出版社
微信公众号	通识书苑（微信号：sartspku）
电 子 邮 箱	编辑部 jyzx@pup.cn　总编室 zpup@pup.cn
电　　　话	邮购部 62752015　发行部 62750672　编辑部 62767857
印 刷 者	北京虎彩文化传播有限公司
经 销 者	新华书店
	720毫米×1020毫米　16开本　16印张　180千字
	2014年1月第1版　2023年10月第3次印刷
定　　　价	45.00元

未经许可，不得以任何方式复制或抄袭本书之部分或全部内容。
版权所有，侵权必究
举报电话：010-62752024　电子邮箱：fd@pup.cn
图书如有印装质量问题，请与出版部联系，电话：010-62756370

丛书总序

自从1943年,美国精神病医生坎纳(Kenner)首次报道了11例自闭症儿童以来,人们越来越深地认识到自闭症是一种差异性很大的广泛性发展障碍(Pervasive Developmental Disorders,PDD)。当今学术界把自闭症儿童称为自闭谱系障碍(Autism Spectrum Disorders,ASD)儿童。自闭谱系障碍包括卡纳型自闭症、阿斯伯格症这两种主要类型,还包括瑞特综合征(Rett's Disorder)、儿童期分裂障碍(Childhood Disintegrative Disorder)和不确定的广泛性发展障碍(PDD-NOS),被称为"特殊儿童之王"。

为了引起世界各国的广泛关注和高度重视,联合国将每年的4月2日定为世界自闭症日。近年来,许多发达国家的政府、基金会、高等学校和研究机构都增加了研究投入,希望能早日攻克困扰全球的自闭谱系障碍儿童医疗、教育和康复问题。当代自闭谱系障碍的研究已经越出了儿童精神学的范畴,成为儿童精神病学、特殊教育学、语言学、心理学和社会科学等多学科共同关注的研究课题。

从多学科和交叉学科的研究路径来看关于自闭谱系障碍的研究主要有以下几方面：一是从医学、生物学、生理学、神经科学、精神病学的角度，围绕着遗传基因、脑功能、神经传导、精神障碍等问题进行了大量的基础研究，特别关注基因如何影响脑神经的形成和自闭谱系障碍儿童的生物性成因。二是从特殊教育学、儿童心理学、发展心理学的角度，采用实验研究和临床研究相结合的方法来探讨自闭谱系障碍儿童的行为特征、信息加工过程以及评估、干预、训练和教育的原理和方法，并挖掘自闭谱系障碍儿童可能凸显的潜能。三是采用实用语言学和实验语言学的方法来研究自闭谱系障碍儿童的语言发展、语言使用能力、语言活动的神经过程等。四是从社会学、管理学、预防学、人口学、统计学的角度来探讨如何通过社会组织（如人口计生委、妇幼保健机构、残联、社区机构、婴幼儿机构）和社会工作者帮助儿童家长对新生儿童、婴幼儿、高危儿童进行早期筛查、综合评估和鉴定，以便及早地发现和进行早期治疗、康复、干预、训练和教育，同时建立儿童发展的信息库，帮助政府和相关部门制定相应的方针政策。

近年来，这些跨学科与交叉学科的研究形成了一个重要的共识：早期发现、干预和教育是目前唯一有效地降低障碍程度，促进自闭谱系障碍儿童发展的途径。

为了将上述跨学科和交叉学科的研究成果运用于实践，将早期干预的基本理念转化为日常的教育康复活动，北京大学出版社在

2011年推出一套22本的"21世纪特殊教育创新教材"的基础上，又新推出一套"自闭谱系障碍儿童早期干预丛书"。

这套自闭谱系障碍儿童早期干预丛书，由华东师范大学学前教育与特殊教育学院苏雪云博士主编，她曾于2007年到2008年在美国乔治敦大学医学院围绕自闭谱系障碍早期干预进行博士后研究，回国后一直从事自闭谱系障碍和早期干预研究与实践；分册作者均为高校特殊教育学系教师、学前教育学系教师，有丰富的教学与科研实践经验，或者华东师范大学特殊教育学研究生，在研究生导师的指导下，结合自己的教学实践和论文研究参与了分册的共同编写，其比较鲜明的特点如下：

一是读者范围明确，即面对广大自闭谱系障碍儿童的家长和在基层学校、幼儿园从事自闭谱系障碍儿童教育康复工作的一线教师。

二是选题得当，作为一套用来指导自闭谱系障碍儿童家长和教师教育、干预工作的指导手册，各分册选择了自闭谱系障碍儿童发展过程中最突出的社会沟通、人际交往、生活自理、感知运动、认知特点等主要问题进行详细的阐述。

三是内容新颖，丛书各分册都反映了目前国内外有关自闭谱系障碍儿童研究的最新成果，例如，有关社会脑和认知神经科学方面的研究成果、早期干预和社会综合治理的理念、综合评估的方法、行为干预的原理与游戏治疗的方法等。

四是深入浅出,通俗易懂,适合于基础工作者和广大儿童家长的专业阅读水平,避免了经院学究型的旁征博引。

五是突出三"实",即结合我国当前自闭谱系障碍儿童教育与康复工作的实际,采用大量实证性的案例,充分地显示出作为资源手册,有效地指导广大自闭症儿童家长和一线教师日常活动的实用性。

作为一个特殊教育工作者,我殷切地希望,北京大学出版社两套特殊教育丛书的先后问世,将有力地推动我国特殊教育事业的发展,提高我国自闭谱系障碍儿童的教育和康复水平。

华东师范大学　终身教授
特殊教育研究所　所长
中国高等教育学会特殊教育研究会理事长
方俊明
2013年8月5日

写给家长的话

面对一个新生命的来临,每一个母亲和家庭都满怀期待,充满憧憬,而每一个小宝宝生命里最值得信赖也最依赖的就是爸爸妈妈,家庭里多了一个新成员,会给我们带来很多快乐,也带来很多的挑战。第一次喂奶,第一次换尿布,直到看着他对着我们微笑,学会爬,学会站立和自己行走……

每一个孩子都是独一无二的,但当我们发现自己的孩子真的那么特殊的时候,我们会情愿自己的孩子跟别人家的孩子一样。当我们在甜蜜地假想宝宝"会先叫爸爸还是妈妈"的时候,宝宝已经两岁了还什么话都没有,有时候喊他的名字也不理睬我们,宝宝对其他小朋友也没有特殊的兴趣,然后还有一些很冷门的爱好,和我们无法理解的行为……当医生告诉我们,孩子可能是自闭症,或者有自闭症倾向的那一刻,我们还是无法相信,曾经的憧憬和希望似乎崩塌了。

我自己也是一个妈妈,孩子出生时难产,出院后就开始早期干预……因此每一次面对儿童和家庭,那些担忧和焦虑,感同身受。但同时也有一种迫不及待地想要鼓励每位妈妈和爸爸坚强起来去采取积极行动的热望和冲动。

在我国,随着1982年首次报道自闭症,相关的研究和教育训练都在发展,很多家长在儿童2岁前就已经发现了"哪里不对",但我们的一个调研发现,从家长发现儿童的行为异常,比如"不会主动跟大人有情感的表达""对人没有兴趣""叫他的名字没有反应"等,到家长首次去医院进行检查之间平均有13.7个月的滞后期。而即便在医院得到了诊断,到真正去寻求服务也有6.5个月的滞后期。当然这只是一个平均数字,来咨询的很多家长也有在第一时间就采取行动的。

自闭谱系障碍曾经被视为是很罕见的一种障碍,大约1万例新生儿里有3例,但目前根据美国疾病预防中心的最新数据,自闭谱系障碍的发生率已经为每88人中有1例(CDC,2012),其发生率高于很多常见的障碍,已经从过去很罕见的疾病发展为较为常见的发育障碍性疾病,甚至超过脑瘫及唐氏综合征的患病率,排在儿童精神发育障碍的首位。但我国目前还没有确定的关于这一障碍的统计数据,根据2006年我国第二次全国残疾人抽样调查结果显示,0~6岁精神残疾儿童(含多重)占该年龄段儿童总数的1.01‰,其中自闭症儿童占精神残疾儿童总数的36.9%,约为4.1万人。虽然没有关于流行率的确定结论,但一般认为我国现有400万到1000万的自闭谱系障碍患者,其中包括100万到300万的儿童。

作为自闭谱系障碍中被研究最多的自闭症,也被称为"特殊儿童之王",自闭症的病因还不明确,较为一致的看法是"这由于脑的发展、神经化学和遗传等因素的异常所引起",尚无有效的针对自闭症核心障碍的药物治疗途径,同时这类儿童大多数还伴有智力发育障碍、学习障碍、癫痫等其他障碍或疾病,其干预和教育一直是难点。作为一种起病于婴幼儿期的发展性障碍,通常在3岁前其症状就已显现,包括:沟通和社会交往的质的损伤;狭窄的、重复的、刻板的行为模式、兴趣与活动,且很多患者在成年后依然存在这些领域的缺陷,特别是在社会交往方面有严重障碍,在日常生活和谋生技能方面有严重缺陷,成为伴随终生的一种障碍,对患者及其家庭造成极大压力,同时也给社会带来很大的问题。

目前自闭谱系障碍的干预方法仅在美国就有上百种之多,由于这一障碍的个体内差异和个体间差异都非常巨大,每个儿童可能适用的有效的干预方法也不尽相同。自闭谱系障碍的治疗和干预领域,目前达成的共识有这样几点:第一,自闭谱系障碍早期干预十分关键,越早干预,愈后越好;第二,多学科协作的干预模式,全面地从儿童的各个领域进行综合干预,包括语言和言语治疗、社会交往技能训练、行为干预、感觉统合等;第三,在融合的环境内提供给自闭谱系障碍儿童与典型发展儿童互动的机会,有助于自闭谱系障碍儿童的发展;第四,家庭和家长在早期干预中的参与和为家长提供支持和培训,有助于自闭谱系障碍儿童的发展;等等。

而我国目前的早期干预机构远远不能满足儿童和家庭的需求,特别是0~3岁阶段,家长们在第一时间发现,第一时间进行干预,是极为关键的。诊断并不是最重要的,早期干预的目标并不是确定儿童的障碍是什么,而是当儿童可能存在特殊发展需要的时候,我们第一时间给予儿童相应的支持和调整,为儿童的发展提供机会和经验,然而很多家长,甚至干预老师不知道如何与自闭谱系障碍的儿童进行互动,也不知道如何开展有效的早期干预,即使是有经验的教师也时常会觉得"巧妇难为无米之炊",因此在很多家长和干预老师的建议下,我们硬着头皮做了这次勇敢的尝试,编写了"自闭谱系障碍儿童早期干预丛书"。

这套丛书的编写得到了很多老师的帮助和支持,非常荣幸地由方俊明教授担任丛书顾问,并由杨广学、王和平、周念丽、杨福义和周波各位教授分别参与分册的编写和指导工作。这套书是在我负责的浦江人才项目"自闭谱系障碍儿童家庭早期干预体系研究"和教育部人文社科青年基金"自闭谱系障碍儿童融合教育支持系统研究(12YJC880090)"和家庭干预的实践成果基础上,由各位作者辛苦完善编写的。在此非常感谢每一位作者的智慧和热情。也非常感谢北京大学出版社的李淑方编辑的支持和督促。丛书的初稿从2009年开始起草,到2011年逐步完善成书,经历了一个艰苦的过程,在写作过程中我们也始终惶恐,自闭谱系障碍的早期干预本身就是一个非常复杂的内容,我们仅仅能在我们的能力范围内与大家分享我们所知道的"皮毛",期望可以抛砖引玉,各位家长和老师在使用本丛书的过程中,能与我们分享你们的体会和意见,或者你们有更好的游戏创意,一起来完善丛书,欢迎写信到 early4ASD@163.com。

每一个儿童都是独一无二的,自闭谱系障碍的儿童具有更特殊的独一无二的特性,我们也知道每个儿童的发展都是很多因素共同促成的,为了方便使用和写作,这套丛书还是分别从不同的角度和领域进行了分册编写。

《如何理解自闭谱系障碍和早期干预》(苏雪云)从整体上给出理解自闭谱系障碍儿童和开展早期干预的一些指南,特别是整合运用其他分册的一些操作建议,包括最新的关于自闭谱系障碍的新进展、家长心态调整、如何开展早期干预等。

《如何在游戏中干预自闭谱系障碍儿童》(朱瑞、周念丽)关注的是游戏在早期干预中的作用,自闭谱系障碍儿童的游戏能力也存在缺陷,其他各个领域的能力可以在学会游戏、进行游戏的过程中得到发展。

接下来的五本分册都将关注"游戏/活动",为家长选取不同领域的游戏提供一些理论指导、儿童发展的基本知识(发展里程碑)等,主体部分为一个一个游戏或者活动。其中《如何发展自闭谱系障碍儿童的沟通能力》(朱晓晨、苏雪云)和《如何发展自闭谱系障碍儿童的社会交往能力》(吕梦、杨广学)两本针对的是自闭谱系障碍儿童的核心障碍——沟通和社会交往存在质的缺陷;《如何发展自闭谱系障碍儿童的自我照料能力》(倪萍萍、周波)单独成册是考虑到很多与自闭谱系障碍儿童一起成长的家长,在自己的孩子成年后都不约而同地认为"自我照料"和生活独立是非常关键的;《如何发展自闭谱系障碍儿童的感知和运动能力》(韩文娟、徐芳、王和平)则为我们提供了丰富的促进感知运动发展的游戏干预方法和活动参考,这也是因为很多自闭谱系障碍儿童在这个领域也存在很多挑战;《如何发展自闭谱系障碍儿童的认知能力》(潘前前、杨福义)独立成册也是家长和教师们的建议,认知能力是基础和综合的能力,也是很多自闭谱系障碍儿童无法自然发展的能力。

这套丛书没有完全覆盖儿童发展的各个领域,主要是根据我们在与自闭谱系障碍儿童和家庭一起开展早期干预的经验的基础上,选取了我们认为较为核心的和干预资料较为丰富的领域来编写,肯定还有其他的内容也是非常重要的,值得日后在实践和研究中不断完善。

再次感谢您选择了这套丛书,这套丛书编写的过程中我们非常强调"基于实证",各位家长和干预教师可以根据自己孩子的情况进行选择使用,这套书不仅实用于已经被诊断为自闭症或者自闭症倾向的儿童,也适合发展迟缓的儿童和可能存在高危发展的儿童。让我们一起努力,为我们的孩子创设一个有意义的童年世界,和我们的孩子一起成长吧!

苏雪云　博士　副教授
华东师范大学特殊教育学系
华东师范大学自闭症研究中心
2013 年 8 月 7 日

目 录

第一部分　一起来了解儿童的社会交往能力 …………… 1

一　什么是社会交往能力？………………………………… 3

二　为什么说社会交往能力障碍是自闭谱系障碍

　　的核心缺陷？…………………………………………… 6

三　自闭谱系障碍儿童的社会交往有哪些特点和

　　具体表现？……………………………………………… 9

四　社会交往障碍产生的原因是什么？………………… 12

五　目前对社会交往能力的实证研究进展如何？……… 13

六　社会交往能力的干预原则和策略有哪些？………… 22

七　社会交往能力的干预方法主要有哪些？…………… 30

第二部分　看看你的孩子的发展水平 ………………… 67

一　"我准备好了吗？"………………………………… 68

二　社交技能发展里程碑………………………………… 70

三　发展与个人差异关系模式六个情绪里程碑

　　发展检核表 …………………………………………… 77

第三部分　让我们一起来促进儿童社会交往能力的发展 …… 83

1. 挠痒痒游戏（与成人建立亲密关系） ………………… 88
2. 拉大锯，扯大锯（与成人建立亲密关系） …………… 91
3. 一起藏猫猫（与成人建立亲密关系） ………………… 93
4. 现在该我了（等待轮流） ……………………………… 96
5. 滚球游戏（等待轮流） ………………………………… 98
6. 投球高手（等待轮流、合作） ………………………… 101
7. 胯下滚球（等待轮流、合作） ………………………… 103
8. 橡皮泥大师（等待轮流、合作、交流和分享） ……… 105
9. 一起玩拼图（轮流、合作） …………………………… 107
10. 水果忍者（等待轮流） ………………………………… 110
11. 积木排排乐1（平行游戏） …………………………… 112
12. 积木排排乐2（轮流合作） …………………………… 114
13. 积木排排乐3（轮流合作） …………………………… 116
14. 开车过桥（轮流合作） ………………………………… 118
15. 泡泡小画家（轮流合作） ……………………………… 120
16. 吹泡泡（合作分享） …………………………………… 123
17. 开火车（合作分享） …………………………………… 124

目　录

18. 快乐指指指（指点选择） …………………… 126
19. 指杯子游戏（指点选择） …………………… 129
20. 看！这是什么？（引起注意） …………………… 132
21. 可以给我吗？（征得他人同意） …………………… 133
22. 寻宝游戏（合作分享） …………………… 136
23. 人体三明治（合作分享） …………………… 138
24. 海上行船（求助合作） …………………… 142
25. 谁在盒子里？（客体永久性） …………………… 144
26. 我在这里呢（社交回应） …………………… 147
27. 探索新环境（环境适应） …………………… 150
28. 远离危险物（环境适应） …………………… 153
29. 听从指令1（一步指令） …………………… 155
30. 听从指令2（两步指令） …………………… 157
31. 听从指令3（三步指令） …………………… 159
32. 叫我的名字（社交回应） …………………… 161
33. 镜中自我（自我意识） …………………… 164
34. 说出我的名字（记得并说出自己的名字） ……… 166
35. 抢椅子（记住他人的名字） …………………… 168
36. 进行自我介绍1（基本信息） …………………… 170
37. 进行自我介绍2（询问他人） …………………… 172
38. 你喜欢做什么？（社交对话） …………………… 174

39. 认识自己和他人（体验差异） …… 176

40. 全家总动员（代词使用） …… 179

41. 高兴还是难过（表情识别） …… 181

42. 高兴还是难过（情绪体验） …… 183

43. 我很害怕（表情识别和情绪体验） …… 186

44. 我很生气（表情识别和情绪体验） …… 189

45. 表达喜怒哀乐（情绪表达） …… 191

46. 猜猜我是谁（辨识人脸） …… 194

47. 鬼脸嘟嘟（表情模仿） …… 196

48. 补齐娃娃脸（表情识别和匹配） …… 198

49. 手绘表情脸谱（表情识别和匹配） …… 200

50. 表达自己的喜好（自主选择） …… 202

51. 点点头，摇摇头（学说对错） …… 205

52. 请你跟我这样做（模仿合作） …… 207

53. 学会打招呼（社交互动） …… 209

54. 礼貌小标兵（学说礼貌用语） …… 211

55. 让我帮助你（帮助他人） …… 213

56. 我们是朋友（合作分享） …… 215

57. 洋娃娃游戏（合作进行假装游戏） …… 217

58. 一起来分享（合作分享） …… 219

59. 一起来读书（合作分享） …… 221

60. 劳动小能手(提供帮助) ……………………… 223

61. 社会故事应用举例 …………………………… 225

第四部分　资源推荐 …………………………………… 233

一　推荐儿童书及绘本 ……………………………… 234

二　推荐家长书目 …………………………………… 236

三　推荐 app ………………………………………… 237

四　推荐网站 ………………………………………… 238

本书参考文献 ……………………………………………… 239

第一部分

一起来了解儿童的社会交往能力

如何发展自闭谱系障碍儿童的社会交往能力

如果您是家长或老师,曾接触过患有自闭谱系障碍的孩子,那么以下描述的场景您一定不会感到陌生:孩子的眼睛不爱看人,跟他说话极少有回应,总是极力逃避目光接触;幼儿园或学校里,他总是愿意独自待在角落里,要么喃喃自语重复一些没有意义的话语,要么就是鹦鹉学舌式的对话,很难参与到同伴的游戏和活动里;与其他孩子总是想要和别人分享自己的情绪和心思不同,他总是一个人拿着汽车直盯着转动的车轮,或者不停地摆手,或者执着于某件心爱的玩具,一刻也不能离手;来到一个陌生的环境中,总是大喊大叫、紧张焦虑、哭闹不停、极难安抚……这些令常人觉得不可理解的怪异行为在自闭谱系障碍儿童身上几乎每时每刻都在上演。正是这些异常的行为,使得他们难以与他人建立良好的关系,很难用恰当的社会交往方式表达自己的需求,进行有效的沟通。这种社会交往能力上的障碍使得他们很难融入正常的社会生活。

自闭谱系障碍儿童能否学会社会交往?什么样的训练或干预可以让他们的社会交往障碍得到改善,有效地提高他们的生活质量,促进他们的身心发展?这是这本手册所要探讨的问题。

一 什么是社会交往能力?

对于社会交往能力的定义,国内外许多专家学者莫衷一是,至今还没有一个统一的定义或界定。

勒纳(Matthew D. Lerner)认为一个人的社会交往能力需要具备以下四种技巧:(1)能和他人发展正向的关系;(2)具有恰当的和年龄相当的社会认知;(3)没有不适应的行为;(4)能表现出有效的社会行为。葛雷贤(Frank M. Gresham)则将社会交往能力分为适应行为(adaptive behavior)和社交技巧(social skill)两大部分。[1]赖肖(Brian Reichow)等人在对已有社会交往技能干预文献进行元分析后发现,大多数对自闭谱系障碍儿童进行社会技能干预所指的社会技能是一般的社会技能(主要指社会认知)、社会交往技能(游戏技能、社会参与、轮流、社会交往的主动发起与回应)、社会沟

---

[1] 杨蕢芬,等.自闭谱系障碍儿童社会情绪技能训练[M].台北:心理出版社股份有限公司,2003.24.

通(会话技能、共同注意等)的总和。①

台湾地区学者洪俪瑜综合各文献定义并归纳出了七个社会交往能力的共同内涵：(1)基本上是学习得来的；(2)包括特定的口语或非口语行为；(3)包括有效的与适当的主动引发与反应；(4)可以增加获得社会增强的机会；(5)是自然互动中有效且适当的反应；(6)社会技能的表现受到个人因素与行为情境的影响，影响因素包括年龄、性别、接受者的尊卑关系。②

国内有研究者对国内外学者对社会交往能力的不同定义进行了综述。③ 更多关于社会交往能力的不同定义详见专栏1-1。

专栏1-1

对于社会交往能力的不同定义

有学者认为社会技能是指已习得的外在或内隐的行为，这些行为可用于人际关系中，并从个人环境中获得或维持。梅里尔(Kenneth W. Merrell)和然佩尔(Gretchen A. Gimpel)认为

---

① Brian Reichow, Fred R. Volkmar. Social skills interventions for individuals with autism: Evaluation for evidence-based practices within a best evidence synthesis framework. *Journal of Autism and Developmental Disorders*, 2009, 8(3): 149—166.
② 游素娟. 小学中度自闭谱系障碍儿童社交技巧训练方案成效之研究. 硕士论文. 台湾：花莲师范学院, 2004.
③ 魏寿洪, 王雁. 自闭谱系障碍儿童社会技能评估的研究进展[J]. 中国特殊教育, 2010, 10: 51—56.

社会行为涵盖正向行为（指被社会所接纳的行为）与负向行为（即不适当或反社会行为），社会技能包含在正向行为中。斯特拉(Jennifer Lynn Stella)、芒迪(Peter C. Mundy)和塔奇曼(Roberto Tuchman)对自闭谱系障碍儿童评量量表的题目进行了因素分析，发现社会沟通和社会性趋向与自闭谱系障碍儿童的社会缺陷密切相关，他们认为自闭谱系障碍儿童的社会技能是指在具体社交环境中表现出来的社会沟通技能和社会性趋向。赫夫林(L. Juane Heflin)等人在其社会技能检核表中提供了社会技能的操作性定义，如要求物品、获得他人注意、等待轮流等。布尔(Sonja R. De Boer)则认为自闭谱系障碍儿童的社会技能是指社会游戏行为、情绪和自我调控、问题解决、对话技能、团体技能。温(Lorna Wing)等根据社会沟通障碍诊断访谈量表以及对国际疾病分类诊断标准(ICD-10)中与自闭谱系障碍缺陷相关因素进行分析后认为，自闭谱系障碍儿童的社会技能是指一定社交情境下，能使用口语沟通和非沟通形式与他人进行有效沟通互动的社会交往技能和游戏技能。

为什么说社会交往能力障碍是自闭谱系障碍的核心缺陷?

自闭谱系障碍这一概念最早是由美国的精神病医生坎纳(Leo Kanner)于1943年提出的。他在长期的观察中发现,一些幼儿对他人和周围环境表现出明显的冷漠,缺乏兴趣,整天封闭在自己的世界里。然而,学界直到1971年才将自闭谱系障碍与精神分裂症区别开来。

在世界卫生组织主编的《国际疾病分类》(ICD-10)中,把自闭谱系障碍归为一种广泛性发展障碍(Pervasive Developmental Disorders,PDD),在3岁以前出现发育异常和/或受损。广泛性发展障碍的特征是在几个发展领域上严重、持久的损害,包括社会交往、人际沟通、兴趣爱好和活动能力等。特异性的功能失常可见于社会交往、沟通以及局限的重复行为三个方面。

根据美国精神医学会主编的《精神异常诊断和统计手册第四版修订版》(DSM-IV-TR,APA,2000),自闭谱系障碍儿童的社会交往障碍诊断标准主要包括:

- 非语言行为障碍。

- 不能成功地建立同伴关系。
- 没有能力主动寻求与别人分享快乐、兴趣、成功。
- 缺乏社会或情感的互惠能力。

于2013年5月正式推出的《精神异常诊断和统计手册第五版》(DSM-V,APA,2013)去除了DSM-IV-TR中对于不同亚型的分类,将自闭症、阿斯伯格症、雷特症及其他未分型广泛性发育障碍合并为"自闭谱系障碍"这一更广泛的诊断类别下。具体来说,DSM-V将沟通和社会交往障碍进行了合并,将原先三个核心症状压缩为两个,即社会交流障碍、以及限制性兴趣或重复行为。同时,DSM-V引入了一个新的诊断类别——沟通交流障碍(social communication disorder,SCD)。耶鲁大学的Kim教授率其团队对这一诊断标准变化对实际受到诊断结果变化的儿童所产生的影响进行了研究,发现实际上大部分儿童的诊断结果并不会产生改变,仍会被确认为自闭谱系障碍。

通过上述对自闭谱系障碍概念的界定可以发现,自闭谱系障碍的症状包括在社会交往、人际沟通、活动兴趣等方面的一系列缺陷,其中最突出的特征是社会交往方面的障碍。自闭谱系障碍儿童的社会交往能力缺陷使得他们在社交情境中缺乏恰当的社会交往技能,严重地影响了个体的社会生活,无法正常地与人交流,难以融入家庭、学校、社区。在自闭谱系障碍这个更广泛的概念中,无论儿童的障碍程度如何,均表现出社会交往能力的严重障碍。即使是较高功能的自闭谱系障碍患者,他们的沟通及社会交往能力也无法与同龄人相比较。

因此,社会交往能力方面的障碍被认为是自闭谱系障碍患者的核心缺陷,研究者普遍认为对其干预的核心应集中在改善并提高社会交往技能上,越早对他们进行干预,预后效果越好。

自闭谱系障碍儿童的社会交往有哪些特点和具体表现?

自闭谱系障碍儿童在社会交往方面存在严重缺陷,他们不同程度地缺乏与人交往的兴趣,往往喜欢独自玩耍,对父母的多数指令没有反应,缺乏安全的依恋关系;缺乏目光对视,不愿意或不懂得如何与小朋友一起玩,不能参加合作性游戏。除了不会用语言表达自己的需求和情绪,他们也较少运用点头、摇头、指点等身体语言表达诉求,普遍存在对人脸和表情的识别困难。

对自闭谱系障碍儿童来说,沟通与社会交往能力的缺失和发展是一个终生的难题,深深地影响他们的整体适应,包括亲子互动、同伴交往、课程学习、社区生活等,具体表现随年龄和疾病严重程度的不同而有所差异,其中最突出的是与同龄儿童的交往障碍。更多关于不同阶段社会交往障碍的具体表现详见专栏1-2。

如何发展自闭谱系障碍儿童的社会交往能力

> 专栏1-2

自闭谱系障碍儿童社会交往障碍的具体表现

（1）婴儿期（1岁之前）

婴儿往往会回避目光接触，对父母的呼唤及逗弄缺乏兴趣和反应，很多家长会误以为孩子有听力方面的障碍。当被抱起时表现出身体僵硬，不愿与人靠近，出现抗拒的姿态。在哭闹时被抱起来哄会哭得更凶，放下后反而渐渐平静，与一般婴儿不同。缺少社交性微笑，不会观察和模仿大人的简单动作。

（2）幼儿期（1～3岁）

这一阶段的儿童仍然会躲避目光接触，对他人的呼唤充耳不闻，对父母等主要照料者难以产生安全的依恋关系，对陌生人缺少应有的恐惧。缺乏与同龄儿童交往和玩耍的兴趣，喜欢一个人独处；即使有交往的举动也多表现得比较怪异，比如揪头发、打人等，难以让同伴接受。

（3）学龄前期（3～6岁）

与正常发展的儿童相比，自闭谱系障碍儿童不能通过眼神和语言引起他人的注意，缺乏指点行为。他们缺乏同理心，难以与他人分享快乐、悲伤等情绪，也不会对别人的不愉快情绪表示安慰和关心；想象力缺失，很难和父母或同伴玩过家家等象征游戏或角色扮演游戏。

0~6岁是早期干预的关键时期,在这一阶段如果能够及早对儿童进行干预,那么随着年龄增长,其社会交往状态也会有相应改善。

(4) 学龄期(6~12岁)

进入学龄期,儿童对父母等主要照料者可能产生依赖,变得有感情,也能表达一些自己的情感,但仍然不同程度地缺乏与他人主动交往的动机和兴趣,表现得很被动。虽然部分儿童愿意与人交往,但交往方式和技巧往往存在问题,在学校里很难融入课堂,很难理解和遵循社会规则。

(5) 青春期(12~18岁)

进入青春期后,与一般青少年相比,自闭谱系障碍儿童的症状表现往往更强烈,如果没有及时恰当的引导,甚至会出现心理和行为的倒退。特别是和同龄人的交往是一个很大的难题。一些男孩子由于不理解社会规则,出现性冲动时不知道如何处理,会出现裸露生殖器、掀裙子等不恰当的行为,给老师和同伴造成很大的困扰。

(6) 成年期(18岁以后)

进入成年期后,大部分患者仍然缺乏社会交往的兴趣和技能。虽然部分患者渴望结交朋友,对异性也可能产生兴趣,但是因为对社交情境缺乏应有的理解,很难对和他人的互动做出适当的反应,融入正常的社交生活,建立友谊、恋爱和婚姻关系对于他们来说都很困难。

四 社会交往障碍产生的原因是什么？

正常发展的儿童到了两三岁时就有情感意识，他们不仅能表达自己的需求和情绪状态，更重要的是能懂得和理解他人的想法和情绪，也就是具备了同理心。比如大人高兴时孩子也会很开心，而看到大人生气了孩子常常会看大人的眼色，或者表现出一些安慰的举动。自闭谱系障碍儿童则很难"察言观色"，出现情绪表达和表情理解的双重困难。有学者认为这与自闭谱系障碍视觉方面的缺陷有关，也有人认为这是自闭谱系障碍认知缺陷的体现。

所谓心理理论(theory of mind)，是指个体凭借一定的知识系统对自身或他人的心理状态进行推测，并据此对行为做出因果性解释与预测的能力。自闭谱系障碍儿童表现出的种种社会交往障碍反映出他们在解读他人心灵的能力方面存在严重的缺陷，不能理解他人的所思所想，也难以站在他人的立场去看待事物。在正常儿童发展的过程中，这种心理理论能力是随着年龄增长而自然出现和发展的。但是大量实证研究表明自闭谱系障碍儿童这方面的能力具有明显的缺陷，他们在感情和社会互动方面的种种困难，也很可能是由此而生。心理理论的缺失可能和儿童脑部发展异常有关，但现在学术界还没有定论，有待进一步研究。

五　目前对社会交往能力的实证研究进展如何？

关于自闭谱系障碍儿童的社会交往缺陷，目前国内外已经有了一些实证研究，研究结果普遍显示自闭谱系障碍患者比一般人和身心障碍者具有更大的社会互动的缺陷，其社会能力发展也较为迟缓。自闭谱系障碍患者不止在社会互动上有障碍，研究也发现，他们还具有情绪技巧方面的缺陷，如不了解他人的面部表情、呈现不适当的表情；不理解因果关系，缺乏同理心；缺乏心理理论(theory of mind)和错误信念(false belief)。[①]

对自闭谱系障碍儿童进行社会交往技巧的训练至今已有二十多年的历史，早期的研究主要是在机构中进行，近年来的研究比较重视儿童早期的干预和训练，尤其是对学龄前的儿童进行社会互动能力的训练。有的研究将训练重点放在对一般正常的儿童进行社会互动技巧的训练，然后要他们去和自闭谱系障碍儿童进行互动，或者将自闭谱系障碍儿童和一般儿童放在一起进行训练，以达到帮

[①] 杨蕢芬,等.自闭谱系障碍儿童社会情绪技能训练[M].台北：心理出版社股份有限公司,2003.38—40.

助自闭谱系障碍儿童学习适当的社会交往技巧、提高社会交往能力的目的。

同伴介入法（peer-mediated intervention）在对不同人群的社会技能的训练中得到了成功的应用。这种训练方法的理念符合班杜拉的社会学习理论。班杜拉认为是个人的认知、行为与环境因素三者及其交互作用对人类行为产生影响。以往的学习理论家一般都忽视了社会变量对人类行为的制约作用。他们通常是用物理的方法对动物进行实验，并以此来建构他们的理论体系，这对于研究生活于社会之中的人的行为来说，似乎不具有科学的说服力。由于人总是生活在一定的社会条件下，所以班杜拉主张要在自然的社会情境中而不是在实验室里研究人的行为。他所强调的是观察学习或模仿学习，强调观察学习在人的行为获得中的作用。在观察学习的过程中，人们获得了示范活动的象征性表象，并引导适当的操作。他认为人的多数行为是通过观察别人的行为和行为的结果而习得的，依靠观察学习可以迅速掌握大量的行为模式。人的行为可以通过观察学习过程获得，但是获得什么样的行为以及行为的表现如何，则有赖于榜样的作用。榜样是否具有魅力、是否拥有奖赏、榜样行为的复杂程度、榜样行为的结果和榜样与观察者的人际关系都将影响观察者的行为表现。

(1) 同伴交往研究

专业人员通过研究发现，对自闭谱系障碍儿童进行同伴合作的训练，应该包括对参与同伴的挑选、对参与同伴的教育和对参与同伴的鼓励等方法。

对参与同伴的挑选，应遵循以下的原则：

- 参与同伴与自闭谱系障碍儿童的年龄应该相仿。
- 参与同伴与自闭谱系障碍孩子有相似的兴趣。这样，两者较有可能成为朋友。
- 参与同伴与自闭谱系障碍儿童在训练以前就有所认识。这样，在训练过程中，可以减少双方可能出现的焦虑和紧张。

对参与同伴进行教育，目的在于帮助他们了解自闭谱系障碍孩子的一般情况以及他们的交往特点，同时也使他们了解对自闭谱系障碍孩子训练的具体方法。例如，参与同伴应该在什么时候与自闭谱系障碍孩子接触，参与同伴与自闭谱系障碍儿童应该做些什么，参与同伴应如何对自闭谱系障碍孩子的不同表现作出反应，等等。成人对参与同伴的指导，也可以包括不同的方法。例如，成人可以向他们示范恰当的交往方法；可以让参与同伴进行事先的演练；在必要时也可以观察双方的交往，进行监控和指导，以便作出必要的协助。

如果在社会交往技能的训练中，参与同伴与自闭谱系障碍儿童能够在共同的兴趣基础上成为亲密的朋友，这对双方包括参与同伴来说都是很有鼓励性的。在某些情况下，成人可以许诺给参与同伴一定的社会性或物质性的奖励，以保持他们对于同伴训练的兴趣和参与度。特别是对于年龄较小的与自闭谱系障碍孩子共同活动的同伴来说,这种奖励往往是必需的。

大量的临床研究表明,同伴合作的训练可以使自闭谱系障碍儿童在社会交往技能方面有明显的进步。在一项实验中,研究者使用同伴合作的训练,不仅使两位自闭谱系障碍学生明显地提高了他们的社会交往技能,而且在自闭谱系障碍学生和正常学生之间还形成了长久的朋友关系。此外,自闭谱系障碍儿童与正常儿童的交往,不仅能提高自闭谱系障碍儿童的生活质量,而且也减少了他们的行为问题。

纽约市的一些治疗人员曾尝试先对自闭谱系障碍儿童单独授课,然后把自闭谱系障碍儿童与正常儿童安排在同一个教室。这时治疗人员先教正常儿童认读字母卡片而让自闭谱系障碍儿童观察,然后再教自闭谱系障碍儿童认读卡片。实验结果显示,在同伴介入法的教学条件下,自闭谱系障碍儿童的合作行为有显著增加,而其问题行为显著减少。在奥杜姆(Samuel L. Odom)等人的实验中,研究者们使用同伴合作的训练方法训练两位分别为7岁和8岁的自闭谱系障碍儿童。通过训练后的测试评估发现,这两位儿童不仅在游戏技能和社会交往技能方面有明显的提高,而且他们的刻板重复自我刺激性行为也得到了改善。[1]

另外有研究者针对机构中15位年龄介于14岁到35岁的自闭

---

[1] http://ibbs.ci123.com/post/4322.html.

谱系障碍患者进行社会交往技巧的训练,训练方案包括个别训练、团体讨论以及两人一组训练。从自闭谱系障碍患者及其家人对训练的回馈中可以得知,这个训练方案有助于提高自闭谱系障碍患者之间正向积极的同伴互动。

戈尔茨坦(Sam Goldstein)等研究同伴介入法(peer-mediated intervention)对增强融合幼儿园一般正常儿童和自闭谱系障碍儿童社会互动的功效,受试者包括10位一般学龄前儿童以及5位自闭谱系障碍儿童。在实验前的基线阶段,两组儿童互动很少;在实验的介入阶段,实验者对一般正常儿童进行6节策略训练,教导一般儿童如何和自闭谱系障碍儿童进行互动,训练的策略主要包括如何和同伴一起注意游戏活动、如何对进行中的活动发表意见、如何承接同伴的话题等。实验结果发现,4位自闭谱系障碍儿童在经过同伴的介入后,社会互动的频率有了显著的增加。

洛佩斯(Gonzalez Lopez)和坎普斯(Debra M. Kamps)采用小团体的方式,训练年龄在5岁到7岁的儿童社会交往技巧,包括4位自闭谱系障碍儿童和12位正常儿童。[1] 在训练中将1位自闭谱系障碍儿童和3位正常儿童编为一组,由特教老师进行教学,训练的社交技巧项目包括打招呼、叫名字、会话、模仿、遵循指令、分享、轮流和求助等。同时对正常的儿童进行行为管理技术的训练。实

---

[1] 杨蕢芬,等.自闭谱系障碍儿童社会情绪技能训练[M].台北:心理出版社股份有限公司,2003.38—40.

验结果发现,自闭谱系障碍儿童和正常儿童进行互动的次数和时间有了显著的增加。

(2) 与成人的互动研究

虽然与同伴的交往互动是目前对自闭谱系障碍儿童社会交往能力训练的一个重点,但与成人的互动也是此类研究不可忽视的一个重要方面。自闭谱系障碍儿童与成人的互动包括与父母的互动以及和其他人的互动。国外学界目前已经有了很多这方面的实证研究资料。

① 与父母互动

社交训练是复杂而漫长的,需要孩子、社会、家庭、学校全力配合,才能使自闭谱系障碍儿童社会交往技巧方面的训练得到良性发展。而家长作为孩子第一任也是终身制的老师,无疑是这个循环中至关重要的一环。家长的教养态度、对孩子的期望、为人处世的方式,都会对儿童的一生产生极大的影响。

罗杰斯(Sally J. Rogers)等人(1986)连续6个月对13名学龄前自闭谱系障碍儿童按计划进行了干预,以加强父母和孩子在玩耍、交流过程中的积极互动关系。实验结果显示自闭谱系障碍儿童社会交往能力有所提高,具体表现在和他人的交流水平提高、减少了对父母的消极反应、增加了积极的情感等。道森(Geraldine Dawson)等人(1990)以14名年龄在20至66个月的自闭谱系障碍儿童和其父母为对象进行了研究。实验中要求父母和自闭谱系障碍儿童一起玩耍,每天 20 分钟,连续两个星期。经过干预发现自闭谱系障碍儿童注视母亲的脸的次数、玩玩具的数目和玩新玩具的规则等都有了很大的提高。[1]

有研究者提出了在进行自闭谱系障碍儿童的社交技巧训练时家长需要注意的几个问题:[2]

- 训练家长如何在自然情境中观察孩子的表现,了解孩子的社会能力。
- 调查孩子有哪些行为问题起因于社会交往技巧的缺陷,将这些技巧列出。
- 指导家长使用随机或者非正式的教育机会,教导孩子社会交往技巧,帮助孩子将社交技巧类化到不同的情境中。
- 教学时应该首先选用普遍性、功能性较高的社交技巧,例如,自闭谱系障碍儿童看到人就要和人握手,往往让人感到错愕。因此与其教他看到客人就握手以显示自己很有礼貌,不如教他看到别人的时候应当先问好。
- 鼓励家长将家人的日常生活作息、活动和孩子的学习连在一起,将作息结构化,帮助孩子学习适当的行为,了解人与人之间的互动关系。

---

[1] 孙圣涛.自闭谱系障碍儿童的社会缺陷及其早期干预研究的介绍[J].中国特殊教育,2003,3:68—69.
[2] 杨蕡芬,等.自闭谱系障碍儿童社会情绪技能训练[M].台北:心理出版社股份有限公司,2003.191—192.

② 与其他成人互动

霍布森（R. Peter Hobson）等研究自闭谱系障碍患者和智能障碍者在实验室中对陌生人自动或在提示下打招呼和说再见的次数，受试者包括24位年龄介于8岁到21岁的自闭谱系障碍患者，以及24位8岁至23岁的智力障碍患者作为对照组。两组配对生理年龄和语文能力，研究人员对实验过程进行了录像。结果发现自闭谱系障碍患者比智力障碍患者更少主动用口语或非口语的手势打招呼和说再见，并且打招呼时较少有眼神接触，很少有自闭谱系障碍患者会有笑容并会挥手对陌生人说再见。由此可见，自闭谱系障碍人士与不熟悉的成人较难产生有质量的社交互动。

（3）现有研究的不足

已有研究表明，自闭谱系障碍儿童社会交往技能的干预和训练是基于一定的理论基础之上的，目前也有了一些相应的实证研究说明其效果，但也仍然存在着一些问题需要未来研究者更关注这一领域的研究。

首先，正如前文所述，由于自闭谱系障碍研究者不同的背景和学科取向，造成了研究者们对社会交往技能概念界定的不统一，众说纷纭。从已有的评估量表中可以发现，大多包含了社会认知、社会沟通、社会互动等技能。对于自闭谱系障碍儿童社会交往技能的定义，除需参考普通儿童社会交往技能的定义外，更需结合自闭谱系障碍儿童特有的社会交往技能缺陷去考虑。自闭谱系障碍社会交往技能的定义需完整考虑社会技能的认知成分和行为执行成分以及自闭谱系障碍儿童特殊的社会行为表现。

与国外相比，我国目前对自闭谱系障碍儿童社会交往技能的实证研究相当缺乏。随着我国自闭谱系障碍儿童数量的不断增加，对自闭谱系障碍儿童社会交往技能的训练和干预需求越来越迫切。因此，我们应该借鉴国外学者已有的自闭谱系障碍社会交往技能研究成果，同时考虑我国的文化背景因素和社会环境的差异，明确界定自闭谱系障碍社会技能概念，从自闭谱系障碍患者及其家庭的利益出发，及早地对其进行系统动态的评估和干预，帮助他们最大限度地发展社会交往技能，更好地融入社会生活，从而提高他们的生活质量。

如何发展自闭谱系障碍儿童的社会交往能力

六 社会交往能力的干预原则和策略有哪些？

（1）干预的基本原则

社会交往的干预，既是自闭谱系障碍儿童教育的目标，也是康复训练的基本途径。人际关系的影响力具有最好的治疗效果。

以下几条基本的原则，比较重要。

① 要重视自闭谱系障碍儿童独特的兴趣和学习动机

由于自闭谱系障碍儿童情绪情感的独特性，想要走进他们的世界，就必须首先尊重他们的现象世界，承认他们是独立的、有着自己独特内心世界的完整个体。不能将家长、老师的意志强加到自闭谱系障碍儿童身上，即使这样做了也不会得到好的结果，往往会导致儿童痛苦、成人无力的"两败俱伤"的局面。在实际干预中应当从儿童感兴趣的事物入手，抓住他们的兴趣点，以此为契机和儿童进行更进一步、深层次的互动，进而激发他们的学习动机和主动性。

② 要善于发掘和利用自闭谱系障碍儿童的优势能力

扬长以补短，是首选的干预策略。

很多自闭谱系障碍儿童会表现出某些异于常人的卓越天分，如在音乐、绘画、运动操作、数学计算等领域具备独特的兴趣和能力。对这些特长的发掘和培养,应当成为对自闭谱系障碍儿童进行教育和干预的一个重点。要细心呵护孩子的好奇心,培育他们的能力和特长,让他们在活动中获得成功经验,增长自信和勇气,在探索中学习、成长。

当然不是所有的儿童都是天才,但是大多数自闭谱系障碍儿童都具有比较好的感知运动和机械记忆功能,音乐、舞蹈/运动、美术和制作、家庭和日常的生活劳动等都是他们很喜欢的活动,在这些领域进行能力开发和人格培养,是大有可为的。真正的挑战在于专业工作者和家人必须掌握心理治疗、音乐和舞蹈/运动治疗、作业治疗的基本要领,根据孩子的个人特点制订并实施个别化的干预方案,并且不断地调整训练的目标和策略,确保合理性和有效性。

③ 干预活动要循序渐进,有趣、实用

对于自闭谱系障碍儿童的干预,尤其是社会交往能力方面的干预,由于这是自闭谱系障碍的核心缺陷,难度较大,进展通常十分缓慢,将是一个长期的、艰苦的、充满挑战的过程。这就极其需要家长和老师在干预的整个过程中都保持良好的心态,用一种宽容的、慈爱的、耐心的态度对待儿童,而不能急躁冒进,揠苗助长。应当参照一般正常儿童发展的阶段和里程碑式的行为指标,不要逾越发展的年龄特征,把成人化的活动方式和不适当的要求强加给儿童。

有趣的游戏形式、活动功能的实用性、生态化的环境,是我们要特别注意的原则。

④ 进行密集化的干预和教学

国内外众多针对自闭谱系障碍儿童的干预实践表明,密集化的干预和教学是非常有效的。所谓密集化,一方面是指干预时间要有一定的保证,通常一星期要有15个小时以上的教学时间,效果才会显著;另一方面是指对于问题行为的干预要制订详尽的计划,按照干预目标进行一对一、有针对性的训练,以取得最佳干预效果。

⑤ 要强调家长参与

家长是孩子的第一任老师,对孩子的发展和未来影响重大。家长的教养态度是否正确,家庭动力系统是否和谐,将直接影响到对于自闭谱系障碍儿童社会交往技能的干预效果。学校与家庭之间要进行充分沟通和合作,及时了解孩子在家庭和学校的表现和进展,保持学校与家庭之间信息的畅通,保证干预与训练目标和手段的一致性。本书第三部分的训练活动是以家长为主要训练者而编写的。

⑥ 训练干预要有一定的系统与结构

自闭谱系障碍儿童往往固着于某种特定的仪式化行为,如不停地旋转、玩弄小汽车的轮子等,仿佛那才是让他们心灵能获得宁静的良药。他们抗拒变化,不能容忍日常生活情境中突发的事件。例如,有一个10岁的自闭谱系障碍男孩,在被老师告知由于天气不好明天不能去春游之后,第二天依旧固执地坚持要老师带他去公园春游。

针对自闭谱系障碍儿童的这一特征,在对他们进行干预的时候,要注意干预和教学的系统化和结构化,即既能达到干预的目标,又能在儿童所能承受的范围之内,以免他们产生情绪上的抗拒和畏难,使干预和教学不能正常进行。

⑦ 要重视融合教育与社区活动的参与

在对自闭谱系障碍儿童进行社会交往技能的干预和训练时,为他们提供能够参与社会活动的机会显得尤为重要。因为训练往往是在家庭、学校、机构等特定场所中进行的,而我们对儿童进行干预训练的目的是让他们能够真正地融入正常的社会生活。因此,应当尽量多地为他们提供可以和同伴互动的机会,对其进行融合教育;鼓励他们走出家庭和学校,在更真实的环境中,例如公园、超市、社区等日常生活场所进行活动,和他人进行互动。当然这一目标的实现也需要社会各个方面的配合。自闭谱系障碍儿童经常在公众场合出现一些不适宜的行为,例如大声尖叫、旋转等,这都需要周围环境中人们善意的理解和包容。

(2) 干预的基本策略

对自闭谱系障碍社会交往技能的训练,一般来说有以下六种比较常用的训练策略和方法。[1]

---

[1] http://ibbs.ci123.com/post/4322.html,2011-7-28.

① 以各种示范方法为主的社会技能的训练

示范方法直观灵活,常常用于社会技能训练。在具体操作方面,既可以是一对一的示范,又可以是以小组为单位的示范;既可以由成人来担任示范者,又可以用电视录像的方法来示范。在示范的过程中,自闭谱系障碍儿童也可以参与其中以进行排演。

② 以认知方法为基础的训练

自闭谱系障碍儿童可以通过训练学会理解各种社会信号,用无声的自我对话来提醒自己的行为,随之执行这一经过考虑的动作,最后可以对自己的行为作自我评价和自我鼓励。

③ 以提供后果来调节行为

训练者可以用口头表扬和代币加实物的方法来奖励良好的社会性行为。而当儿童表现出不当行为时,训练者也可以用提醒和矫正的语言来处理。这样,儿童就可以通过自己行为的后果来学习社会所接受的社会交往技能。

④ 综合训练

顾名思义,综合训练是用以上所述的各种方法来对自闭谱系障碍儿童进行社会技能训练。

⑤ 同伴介导干预(Peer-Mediated Intervetions)

在对自闭谱系障碍儿童进行干预的过程中,尤其是对于儿童来说,有同伴参与的干预无疑是事半功倍的。与成人相比,儿童往往会出现更多对同龄人动作和语言的模仿,同伴的参与也能够提升儿童参与训练的积极性。同时，因为与同伴互动是自闭谱系障碍儿童的主要社会交往障碍之一，因此直接与同伴进行互动和训练也能够提升干预训练的生态效度。

⑥ 自我管理（Self-Management）

以上所有方法，都可以用于对自闭谱系障碍儿童的社会交往技能的训练。但单独使用这些总体上的策略明显是不够的，还需要针对自闭谱系障碍儿童自身的特点来提高其社会交往技能，包括环境的结构化、观察学习、提示信号和强化物的使用等。有关临床文献表明，通过这些策略可以不同程度上有效地帮助自闭谱系障碍儿童提高他们的社会交往技能，使其问题行为的出现率有所下降。

除了这些基本的原则和策略外，对自闭谱系障碍儿童的社交技能训练应当尽量在自然的生态环境下进行。但是由于一些儿童会对环境的变化表现出极大的敏感性，因此训练者必须提前做好各种准备工作，使得用于训练的自然环境和社会环境有利于自闭谱系障碍儿童社交活动的进行。如何使训练环境结构化，具体可参见专栏1-3。

如何 发展自闭谱系障碍儿童的社会交往能力

> **专栏1-3**
>
> ### 如何使训练环境结构化?
>
> (1) 用于训练的环境应该具备适宜的感觉刺激
>
> 很多自闭谱系障碍儿童存在对感觉过度敏感或反应不足的特点,例如,对某种频率的声音特别敏感、对痛觉迟钝等。因此环境的设置不能过于嘈杂或拥挤,否则环境会超过自闭谱系障碍儿童的感觉阈限,从而导致训练的失败,甚至加剧问题行为的发生。
>
> (2) 日常作息和训练过程的结构化
>
> 对于日常的作息和训练的过程也应该尽量结构化,建立清晰的线索和链接。老师和家长最好共同商讨孩子的日常作息顺序,贴在醒目的地方,让自闭谱系障碍儿童有一个清楚的概念,知道什么时候该做些什么,防止他们对环境的突然变化感到不适和茫然,进而引发情绪行为方面的问题。
>
> (3) 用于训练的环境应该有利于自闭谱系障碍儿童参与活动、模仿他人的适应性行为
>
> 如果孩子对环境中的人与事等有兴趣和爱好,他们就更有可能与他人交往。正如地板时光所强调的那样,干预之初必须了解他们的兴趣点在哪里,以此为切入点走进孩子的世界。

如果环境有趣而且充满玩具或其他儿童感兴趣的东西,有效的沟通和交往就更有可能自然地发生。

在环境设置中,对社会环境与自闭谱系障碍儿童的相容性必须有所考虑。例如,有的游戏活动要求参与者有一定的语言条件。很显然这种环境对有严重语言障碍的自闭谱系障碍孩子有着不相容性。在有的社会环境中孩子只要与他人做同样的动作就可以了,而在另外一些社会环境中,他们可能会被要求做特定的动作。而这些角色,应该根据孩子的具体发展程度而定。

(4) 训练者应该事先为自闭谱系障碍儿童说明和澄清活动的各个方面

例如在地点方面,应当提前说明活动将在何处展开;在内容方面,提前说明有哪些可供选择的玩具,每人可玩多长时间,如何进行游戏等;在过渡方面,提前说明什么时候整个活动会结束而下个安排是什么。尽力让孩子对整个活动流程心中有数,从而减少他们因为新异的变化而产生的焦虑感。

七 社会交往能力的干预方法主要有哪些?

(1) 社会故事法

① 社会故事法的起源和发展

社会故事法最初是在1991年由美国心理学家格雷(Carol Gray)率先提出的,并于1993年发表了第一篇应用社会故事的研究报告。[①] 所谓社会故事(social stories),是指由专业治疗师、教师或父母为自闭谱系障碍患者编写的小故事,对所发生的事件的时间、地点、参与人员等信息进行具体描述,对人们在事件情境中通常会怎么做、有什么想法或感觉等进行说明,并强调指出重要的社会线索,进而以患者能理解的语言说明与此情境相适应的行为方式。社会故事法并不直接教授社会技能,而是向自闭谱系障碍患者解释环境中可能会发生的事件,利用患者长于视觉加工和对文字的兴趣来增进他们对环境的理解,从而诱导出符合社会规范的行为或社会技

---

① Gray C, Garand JD. Social stories: improving responses of students with autism with accurate social information. *Focus on Autistic Behavior*, 1993, 8(1): 1210.

能。[1] 经过二十多年的发展,社会故事在表征方式上由最初的文字形式发展出了多种变式,可以使用卡通画、录音带、录像带、视频或是书的形式,也可以包含图片或照片。具体使用哪一种方式则取决于对儿童的能力和需要的评估,因人而异。

② 社会故事法的内容

社会故事是由简短的句子组成的一篇文章,其具体内容取决于干预程序所选定的目标行为。社会故事分为基本句型与完整句型。格雷提出社会故事的内容应该包括描述句、观点句、指导句以及肯定句这四种基本句型;完整句型除包含基本句型之外还需要加上控制句和合作句这两种句型。

社会故事中最重要的元素是四个基本句型和句型出现的比例,以及如何写出每个句子。每种句型都有其特定的角色,了解句型及其扮演的角色以及彼此之间的关系才能写出对自闭谱系障碍儿童有效的社会故事。这些句型在一篇社会故事中并不需要同时出现,但是对基本句型的使用有一定要求。格雷建议撰写社会故事时要多用描述性句子,包括描述句、观点句、肯定句与合作句;少用指导性句子,包括引导句或控制句,以免形成太浓的说教味道。描述性句子与指导性句子的比例至少为 2∶1,一般以 5∶1 为宜。[2] 社会故事法作为一种媒介,是为了向儿童解释所身

---

[1] 李晓,尤娜,丁月增.社会故事法在儿童自闭谱系障碍干预中的应用研究述评[J].中国特殊教育,2010,2:42—46.

[2] 同上。

如何发展自闭谱系障碍儿童的社会交往能力

处环境和事件的结构,而不是直接命令儿童做特定的事情。在社会故事的编写中要采用合理的句型比例,强调叙述事件,而不是控制个人的行为。在社会故事中基本句型比例为:描述句、观点句、肯定句大概在 2 至 5 句之间;指导句要尽量减少或只有 1 句即可。下面让我们通过专栏 1-4 一起来了解一下各种句型的具体定义和应用。[①]

专栏1-4

各种句型的具体定义和举例

- 描述句:描述句用于指出情境中最重要的因素,如发生什么事、为什么会发生、有哪些人参与等。描述句往往是社会故事的开始,对情境中的相关信息进行客观的描述,以引导故事的发展,主要是强调事件发生的重点而不是细节,在撰写时需要简洁明了。描述句可以帮助自闭谱系障碍儿童辨识外在环境提供的信息,加强其观察的能力。例如:"当休息时间结束,铃声就会响起,大家排队,等老师来。"

---

① 孙玉梅,邓猛.自闭谱系障碍谱系障碍儿童社会故事干预有效性研究综述[J].中国特殊教育,2010,8:42—45.

- 观点句：观点句也称透视句，用于描述在情境中当事人（包括患者自身）的情绪、想法、意见、动机或健康状况等，帮助自闭谱系障碍谱系障碍儿童了解他人是怎么想、怎么看和怎么反应的，以及他人的观点和情绪、行为之间的关系。例如："老师看见大家排成一排会很高兴。"

- 指导句：指导句描述在情境中自闭谱系障碍儿童在特定情境中被期望表现出的行为，通常采用正向的肯定的语句。撰写时最好使用缓和的、有弹性的语气，避免用武断的语气，以免患者误认为这个句子的内容一定要完成，引起他们的反感。

- 肯定句：肯定句主要用来强调背景知识，如特定社会文化中的价值观念、重要原则、规定等，以使患者了解社会对某种行为的看法，通过描述特定条件下大多数人所持有的看法或做法来帮助自闭谱系障碍儿童了解社会规范以及社会普遍价值观。例如："这样做很好。""这是个好主意。""这样做很重要。"或者"这样没关系。"

- 控制句：控制句从患者的角度指出在特定情境中可以用哪些策略帮助自己记得所要表现的行为。控制句的主要目的是提供适合个体的策略以帮助自闭谱系障碍儿童能够回忆故事的内容，独自应对情境。例如，有位自闭谱系障碍儿童不能接受

如何发展自闭谱系障碍儿童的社会交往能力

别人对他说"我改变主意了"。此外,他非常喜爱昆虫,于是在社会故事里,可以用控制句,如:"当我听到'我改变主意了',我可以了解他们的意思是要变得更好,就像毛毛虫变成蝴蝶一样。"

- 合作句:合作句用来指出别人在情境中会如何协助患者,也可用来协助老师、父母记得自己在社会故事中所要扮演的角色。合作句主要是帮助自闭谱系障碍儿童了解在遇到问题时可以向谁请求帮助以及他人将会怎样提供帮助。例如:"我学习使用厕所时,爸爸妈妈和老师会帮我。"

- 部分句:为鼓励自闭谱系障碍儿童去猜测某个情境的下一步或其他人的回应,或者他自己的反应,可以运用部分句。部分句是指将描述句、观点句、肯定句和指导句完成一部分,并保留部分句子的单字,以填空的方式由指导者请自闭谱系障碍儿童独立完成。例如:"如果我安静地排队,老师会觉得(　　)。"

③ 社会故事法的优点

社会故事法提出后,由于其突出的优点,得到了家长、教师以及专业人士的一致好评。其优点主要如下。[1]

---

[1] 李婷.社会故事在提高自闭谱系障碍儿童社会交往能力中的应用[J].中小学心理健康教育,2009,6(131):16.

- 能够提供视觉线索,符合自闭谱系障碍儿童视觉学习的特点,有效地帮助他们利用文字、图片、录像等增进理解力,提高社会交往的能力。

- 将社会情况中的思考、感觉及行为反应联系起来促进自闭谱系障碍儿童社会交往的教学方式有多种,但是却只有社会故事强调自闭谱系障碍儿童描述他人观点、感觉或信念,替自闭谱系障碍儿童解释他人行为的原因,将自闭谱系障碍儿童在社会情境中无法感知的思考、感觉以及行为联系起来,成为有意义的事件。

- 可反复练习。社会故事根据个人需求编写,以一篇故事或者一本书的形式呈现,因此可以让自闭谱系障碍儿童在需要时练习。这样的方式打破了使用地点和时间的限制,增加了反复练习的机会。

- 强调患者的核心需求。社会交往是自闭谱系障碍儿童感到困难的主要领域之一,而社会故事就是要协助自闭谱系障碍儿童克服这方面的困难。社会故事并不是充满指示,命令学生做这做那,而是依据学生对社会理解的困难,提供解释和线索,协助他们认识社会情况,以做出恰当的反应。

- 依据特定情境,降低类化的需求。社会故事的题材就是自闭谱系障碍儿童日常生活所遭遇到的困难,其内容体现了自闭谱系障碍儿童显著的、独特的、立即的需求。社会故事利用儿童发生困难的特定情况编写故事,就是要降低儿童类化到其他情境、对象、时间上的需求程度,以提供学生立即的回馈。

- 用可预期的格式来编写。格雷认为社会故事的编写有一定的格式。她将社会故事的组成成分分为描述句、观点句、肯定句、指导句、控制句以及合作句等,并建议了这几种句子出现的比例。有固定的句型和固定的句子比例,使得社会故事有一定的形式,也让惯于依赖的自闭谱系障碍儿童有规则可遵循。

- 可结合现行的课程。社会故事的内容简短,通常几分钟就可以念完一遍,不会占用很多时间,而且其内容可以随儿童的需求作调整,因此适合结合现行的课程,比如语文课、阅读课等。

- 容易应用。社会故事的编写不需要太多的技巧、设备或仪器,不一定要由专业人员实施,实施地点也没有限制。因此社会故事的应用十分广泛,在学校或家里,由教师、家长念给儿童听,甚至儿童自己阅读也可以,在应用上十分方便。

④ 社会故事的实施步骤

运用社会故事法对自闭谱系障碍儿童进行干预需要遵循一定的步骤,可简要归纳如下[1]:

---

[1] 魏惠萱.社会故事.特殊教育丛书:特殊教育现在与未来(9601辑)[M].台中:台中教育大学特殊教育中心,2007. 107—108.

a. 确定目标行为与技能

这一阶段由专业治疗师、老师、家长等相关人员对患者实施观察和评价,以了解患者主要的社会行为障碍及其情境,按照不适当社会行为的严重程度、影响社会适应的程度、预期的干预效果、与其他行为改变的关联性等从中选出目标行为。

这一过程需要相关人员的讨论与合作,认知能力较好或年龄较大的患者也可吸收参与讨论过程。例如,一名6岁高功能儿童明明存在多种不适应行为,包括吃饭时敲打碗盘、不跟人打招呼、损坏图书等。经有关人员协商,认为不跟人打招呼这种行为比较突出,且行为边界清晰,涉及多种情境,具有较大的向主动社会交往方向实现迁移的可能性,因此将这一行为确定为一个阶段内的社会故事法干预目标。

b. 评定社会行为障碍的发生原因和目标行为的基线水平

这一阶段要找出造成患者社会能力障碍或不适当行为的主要原因,需要详细了解目标行为涉及的情境特征和人物关系,以及目标行为发生的过程,进而通过系统观察和功能分析理解患者的行为。同时要在一定时期内详细记录目标行为发生的次数和频率,建立行为的基线水平。

对上例中的儿童,可由家长和幼儿老师等共同对其进行为期一周的观察,记录其每天主动与人打招呼和被动地应答他人打招呼两种行为发生的次数,并计算一周内的平均水平,从而建立行为基线。

同时观察分析打招呼情境的特征和其中人物的反应,从患者的角度理解行为的实质,为编写故事提供参考。

c. 编写社会故事

按照上文所述编写原则和内容要求,根据患者的目标行为和理解能力(如识字量)编写个别化的社会故事,并酌情使用图片、动画等辅助方式。对上例中儿童不与人打招呼的行为,可编写如下的社会故事《问好》:

我是明明。/我是有礼貌的小朋友。/有礼貌的人见面时会互相问好。/在路上见到老师应该问好。/碰见认识的叔叔阿姨要问好。/我向老师问好,老师会很高兴。/别人向我问好,我可以对他微笑招手。/有人向我问好,我会很高兴。/有人向我问好,我也可以向他问好。/见到邻居家的爷爷奶奶,我会说"你好"。/幼儿园的小朋友向我问好时,我会说"你好"。

d. 实施社会故事干预

社会故事干预应按照事先确定的时间表进行,最初至少一天一次,在产生效果之后,可逐渐减少一些提示内容,或调整时间表。故事的阅读最好安排在事件发生前几分钟,使患者可以及时练习故事中提示的内容,并获得反馈。阅读时通常由治疗师示范后,由患者自己阅读,但对阅读能力较差的患者可提供必要协助。

上例中所用的社会故事,可在每天离家上学前由家长协助阅读一次,必要时可在幼儿园由老师协助在放学前加强一次,连续进行一周,观察记录其每天主动问好和回应问候的行为的次数与对象等。如儿童对老师和熟人能熟练表现目标行为,而对不熟悉的人不能表现目标行为,可适当修改故事内容,以促进干预效果的迁移。

⑤ 社会故事实施原则

格雷提出了若干编写社会故事的原则和标准。首先,社会故事要有目的地向患者呈现可靠的信息,以鼓励患者取得进步。根据患者个性化需求所编写的社会故事应包括主题导言、主体以及结论三部分,能够回答"是什么""为什么""怎样做"等问题。社会故事要有一个恰当的标题,编排形式要适合患者的能力和兴趣,同时应当提供适合患者个人的图解以增强其对文本的理解。整个故事应当用第一或第三人称进行写作,注意要使用肯定的语言,少描述消极行为,以突出积极行为。必须使用描述句,其他几种句型选用,描述应多于指导。

此外实施社会故事教学还需要注意一些细节,以保证这一干预方式的效果。首先,指导者应当具备耐心的态度,在安静、轻松、舒适的环境下介绍社会故事,要避免在自闭谱系障碍儿童烦躁或生气的情况下指导社会故事。指导者可以由父母、老师或其他与故事有关的人来充当。一次介绍一个社会故事,让自闭谱系障碍儿童集中关注一个概念或技巧。以正向积极、轻松平常的态度为自闭谱系障碍儿童指导和复习社会故事,确定儿童能够正确理解社会故事的内容。此外还应根据具体实施情况来决定复习社会故事的频率,防止干预效果消退。

由于社会故事也是一种干预方法,所以在一定的条件下就有一个逐渐消退干预的问题,以便使自闭谱系障碍儿童能有更大的独立性。方法之一即是撰写新的社会故事。例如,在自闭谱系障碍儿童基本掌握了所期望的行为之后,指导者可以省略指导句,或将指导句改为部分句,让自闭谱系障碍儿童回想相关信息。另一种消退干预的方法是从改变讲解故事的时间这一角度着手,延长复习社会故事的时间,即以渐进的方式,逐渐加长复习社会故事次数的间隔时间。

(2) DIR 模式及地板时光简介

① 什么是 DIR 模式?

DIR 模式是 developmental, individual-difference, relationship-based model 的缩写,直译为"以发展、个体差异、关系为本位的干预模式"。DIR 主要基于发展理论,是由格林斯潘(Stanley Greenspan)等人提出的,尤其着重关系与情绪在发展过程中的角色,认为情感交流能建立社交及情绪的发展,并培育智慧及道德,所以强调有特殊需要儿童的情绪发展和治疗。其中,D 代表儿童早期出现的发展能力,包括分享注意、一来一往的互动、问题解决、创造游戏以及抽象思考;I 代表感觉动作处理与规范方面的个别差异;R 指互动时所需要的关系和环境,并从互动中滋养、练习和增加情绪、社会和认知能力。DIR 模式干预的主要目的是为让儿童能对自己形成一种意识,知道自己是有意图、能互动的个体,并借由这种最基本的意识来发展认知、语言和社会能力。DIR模式认为对于自闭谱系障碍儿童应集中改善障碍症状背后的功能缺失,促进儿童的整体发展,而非仅仅着眼于对各种行为问题的矫正。

② 什么是地板时光?

大多数的特殊教育学者在提到自闭谱系障碍儿童的游戏治疗时,实际上是指跟地板时光(floor time)相关的一些内容。所谓地板时光,是一种基于自闭谱系障碍儿童自身的兴趣或倾向的,有助于发展社交技能和沟通技能的以游戏为基础的治疗技术。作为DIR模式的核心组成部分,地板时光是一种综合的、有系统的干预技术,强调治疗师、家长或教师应根据自闭谱系障碍儿童个人独特的功能发展阶段,调整人际互动的具体方式,重建儿童与人沟通及建立关系的发展,基本目标是促进互动关系中温情、亲密和愉快感觉,而并不仅仅在于教导特定的技能。地板时光强调有特殊需要儿童的功能情感发展和平衡,常用于自闭谱系障碍儿童早期(0~5岁)的治疗干预。

自闭谱系障碍儿童的困难在于识别和表达自己的情感体验。语言治疗、心理治疗以及其他干预策略的有效结合可以帮助这些儿童认识自己的情感体验和言语表现之间的割裂。治疗师的任务是形成一种能够与自闭谱系障碍儿童有效交流的共同语言,通过游戏与自闭谱系障碍儿童互动,致力于形成情绪、行为、言语表达的意义联结。地板时光特别关注自闭谱系障碍儿童的情感和动机,把情感作用作为心理发展的组织性原则,把个人意义的象征性表达作为认知和语言发展的核心任务。地板时光的训练集中帮助儿童在关系里建立情感的联系,从诱发共同注意开始,慢慢令儿童投入社交关系中,发展双向沟通,进而通过互动的经验,使儿童发展自我意识,以及更进一步发展各种认知和社交能力。这一介入方法强调的是自闭谱系障碍儿童的功能情感发展和平衡。地板时光疗法的独特性在于,针对自闭谱系障碍儿童身上存在的问题,不是从行为的层面予以强化矫正,而是从建立成人和儿童之间的人际互动入手,和儿童产生一来一往的有效互动。

简单地说,地板时光就是成人坐在地板上和自闭谱系障碍儿童玩耍。它是以孩子为中心,而并非聚焦于结构化的游戏,依据每个孩子各自的特点,创造沟通的氛围,在游戏中帮助他们提高,发展他们最大的潜能。它通过一个自发的游戏机会,有意识地去解决问题,有时还需要同时配合其他治疗,如语言治疗(speech therapy)和作业治疗(occupation therapy)等手段。

a. 地板时光疗法的目标

地板时光疗法的目标,是帮助儿童实现心理发展的六大基础性任务,或六个基本能力[①]:

- 对周围的环境、情境、声音等刺激能有效表达自己的兴趣和

---

① 尤娜,杨广学.自闭谱系障碍"地板时光"疗法(I):关系与表达训练[J].中国特殊教育,2008,9:35—39.

感受，具备情绪体验和自我调节的能力。

- 与父母等"重要他人"在互动性的日常经验中体验到亲密感的能力。
- 与他人进行密切接触、相互影响的双向沟通能力。
- 丰富、复杂的表情表达（动作或言语）能力。
- 通过想象和游戏产生观念的想象能力。
- 在各种不同观念之间建立联系的能力，即现实构想和逻辑建构的能力，包括游戏活动的规划，话语的逻辑表达，情绪感受、个人意见的确切表达，形成周密的问题解决程序的能力。

b. 地板时光的实施原则

地板时光疗法重视自发性和趣味性，强调治疗者是儿童发展的促进者，是儿童的活跃的游戏玩伴。它不主张直接的干预，而强调在学习过程中以儿童的兴趣为导向，积极地激励儿童在游戏活动中反复体验并表达自己的感受，从而导向有意义的创造性学习。治疗者遵循的一般原则是[1]：

- 不受干扰，把所有的注意力放到儿童身上。
- 保持细心、耐性、轻松愉快的心情。
- 与孩子的情绪状态保持共情和同步。

---

[1] 尤娜,杨广学.自闭谱系障碍"地板时光"疗法(I)：关系与表达训练[J].中国特殊教育,2008,9：36.

- 能够觉察到自己的情绪感受。
- 随时调控自己的声调及肢体动作。
- 紧密跟随儿童的兴趣指向，保持互动的连续性。
- 灵活调节活动，以适应儿童多层次发展的需要。
- 严格避免各种攻击和伤害。

孩子的父母、其他家庭成员和朋友等，都可以通过学习成为地板时光的实施者。一般一天安排10次活动，每次20~30分钟。要点在于：要利用孩子的基本情感或意图，设计日常生活中具体的活动情境和游戏，以激发孩子的情绪体验和表达，通过愉悦的互动循环达成治疗的目标。所谓"互动循环"，就是成人与儿童之间成功交往的一次应答。比如，妈妈对孩子笑，孩子也对妈妈笑，就是一次交往的互动循环。通过一次次互动循环的"螺旋式上升"，交往活动的复杂性层层递进，促进儿童心理发展水平不断提升。

地板时光的创始者曾对200个接受该方法训练的自闭谱系障碍儿童进行追踪，报告其中有50%的儿童经过训练达到了很好的效果，他们能够与他人建立热情、互动、互信的关系，有很强的语言能力，并且抽象思维能力也有提高。另外30%的儿童也取得了进步，但并不特别明显。他们都发展出了语言，但语言能力较弱，思维能力也较弱。还有大约12%的儿童进步非常慢，这部分儿童的神经系统伴有问题，如出现癫痫等症状，但这些儿童在问题行为上表现出了减少的趋势。

(3) 人际关系发展干预疗法(RDI)

人际关系发展干预疗法(relationship development intervention, RDI)是近年来由美国临床心理学家古特施泰因(Steven Gutstein)博士针对自闭谱系障碍儿童的核心缺陷,以其数十年的临床经验为基础所总结出的一套旨在培养自闭谱系障碍和其他交往障碍儿童人际互动和提高社会交往技巧能力的方法。人际关系发展干预疗法着眼于自闭谱系障碍儿童人际交往和适应能力的发展,强调父母的"引导式参与",在评估儿童当前发展水平的基础上,采用系统的方法循序渐进地触发自闭谱系障碍儿童产生运用社会性技能的动机,进而使他们习得的技能能够在不同的情境中迁移,最终让儿童发展出与他人分享经验、享受交往乐趣及建立长久友谊关系的能力。[①] 共同注意缺陷是指自闭谱系障碍儿童不能和正常儿童一样形成与父母等成人同时注意某种事物的能力,而心理理论缺陷则主要指自闭谱系障碍儿童缺乏对他人心理的推测能力,缺乏同理心,表现为缺乏目光接触、不能形成共同注意、不能分辨别人的面部表情等。总体而言,他们缺乏社会参照能力,不能和他人分享感觉和经验,无法与亲人建立感情和友谊。

RDI着眼于通过人际关系训练,改善自闭谱系障碍儿童的共同注意缺陷,加深他们对他人心理状态的理解,从而提高儿童的社会交往能力。RDI同时融合了儿童发展理论、深层次的精神心理

---

① 张旭.RDI:发展自闭谱系障碍儿童人际交往和适应能力[J].现代特殊教育,2006,6:7—8.

学理论以及交际、学习、行为理论,并且考虑到了自闭谱系障碍本身的复杂性和多样性。这一方法重视治疗和训练中的生态学效度,适宜在家庭中应用,体现了当前特殊儿童临床心理和教育领域中人本主义和现实主义的取向。

① 人际关系发展干预(RDI)的训练模式

a. 训练对象:RDI 的训练对象主要是自闭谱系障碍者,包括阿斯伯格症以及广泛性发展障碍患者,目的在于帮助他们与他人建立长久、真正的友谊,认识到独特的自我,从而为他们拥有自信而独立的人生奠定基础。

b. 实施步骤:RDI 的重点在于人际交往技能的培养,遵循由个别到全貌、由细节而总体的治疗原则,每一步都强调指导孩子进行符合其发展阶段的活动。其实施步骤可归纳如下[①]:

- 仔细评估,确定儿童的人际关系发展水平,列出儿童适宜的发展目标。
- 准备好训练的环境,教育家长与儿童周围的其他成人,规划充分的治疗时间,争取将经验分享的障碍减到最少。
- 根据评估结果,依照正常儿童人际关系发展的规律和次序,建构简单适宜的活动,依次开展目光注视—社会参照—互动—协调—情感经验分享—享受友情等能力训练。
- 逐渐将治疗指导权由治疗师转向家长,逐渐把控制互动的

---

① 张旭. RDI:发展自闭谱系障碍儿童人际交往和适应能力[J]. 现代特殊教育,2006,6:7—8.

责任由成人转向与儿童互动的同伴并帮儿童选择适当的同伴。

- 逐渐在活动中加入更多的元素,开展循序渐进的、多样化的训练游戏活动项目以使其更加符合自然生活环境。

c. RDI 的评估:RDI 的评估分为治疗前评估和治疗中的进行性评估,是整个训练模式中非常重要的一环。治疗前评估的目的在于全面了解儿童的发展状况,以分析治疗中可能出现的障碍与诱因,并制订明确的短期治疗目标、规划训练时间表。在治疗训练开始后,需要定期做进行性评估,以了解治疗效果和及时调整训练方案。

评估通常采用专业诊断量表测量、日常生活观察、结构化情景观察、问卷及访谈等方式进行。具体的评估内容包括:

- 自闭谱系障碍类型评估。
- 语言、认知、知觉、动作、注意力和情绪调控等方面的评估。
- 人际关系发展评估,是指参照正常儿童人际交往技能的发展阶段,运用专门的评估量表来判断儿童人际交往能力的发展阶段。

d. RDI 课程的内容:完整的 RDI 课程分为六个级别,每一级别涵盖四个部分,共有二十四个部分。各部分都主要由着重点不同的游戏组成。随着级别的提升,游戏所需的技巧数量及复杂程度也相应增加。六个级别的内容可简略归纳如下:

- 第一级活动训练的重点是情感调适，即注重孩子对父母面部表情的注意能力，并引入社会参照能力的训练。此阶段中视觉上的情绪分享成为主要的沟通渠道。

- 第二级活动将第一级中不同的训练元素进行了整合。孩子开始学习如何在游戏中成为伙伴与共同调控者。本阶段的活动都是可预测的，并且具有高度组织化的结构、清楚的限制与明确的界限。

- 第三级的活动重点在于分享内在经验、想象和想法，因此角色扮演、想象力游戏和对话是此阶段的关键部分。同时活动也融入自我认同、团队精神、家人及长久的友谊关系。此阶段，成人逐渐转移至孩子注意力的边缘，即从成人—孩子互动过渡到孩子—孩子互动。

- 第四级活动开始关注了解和重视内在经验，促使孩子探究他人的知觉、想法与感情，发现分享活动的乐趣。此后语言将成为经验分享的主要工具。

- 第五级的活动设计将孩子的互动从结构化的限制中解放出来，他们可以将想象力展现在不熟悉的物体或事件之上。

- 第六级与其他级不同，活动设计因人而异，每个人都有其独特的进展方式。此时专业训练人员或父母的角色已不再是老师，而变成顾问或向导，作用在于帮助儿童了解自己有哪些与他人不同的特点，学习建立独特的自我认同。

② RDI 的特点

- RDI 秉承了认知发展学派的理念,其设计思路是以交往发展为核心,分解需要什么能力、分析能力之间的关系以及自闭谱系障碍儿童所缺乏的能力怎么用外显的游戏导入,最终使儿童成为能理解他人的内心世界、能与他人主动分享快乐与痛苦等体验的真正的"人"。

- RDI 不同于现有自闭谱系障碍治疗干预领域的社交技巧训练计划,它考虑到了儿童本身的心理发展需求。在干预之前,谨慎地评估儿童心智发展的阶段,让儿童有能力了解他们所学到技能的意义,真实体会与他人互动带来的喜悦。每一级的活动安排都选用结构鲜明、步骤简单清楚的活动,使儿童产生去分享正面积极的情绪与刺激的动机,然后逐步在这些简单的活动中加入变化,以帮助儿童获得新鲜感,找到更深层、更复杂地与他人分享自己觉得有意义的东西的理由,内化自己的动机和技能。[①] 所以在 RDI 中,儿童不需要任何道具或外在的奖励来诱使他们练习新的社会交往技能,而是让他们自然地从互动中感受到喜悦。

- RDI 明确了社会交往体系中存在两个交往系统,即静态交往系统与动态交往系统。静态交往系统具有高度的规则性、目

[①] 王梅.自闭谱系障碍儿童在 RDI 训练中的问题及应对策略[J].现代特殊教育,2009,5:36—37.

的性,可以靠模仿学习获得,如在上车排队、上课点名、课堂常规等执行过程中都能体现出来;动态的交往系统无明确目的、无规则,需要随机应变,如与人开玩笑、伙伴交谈等,只有了解了对方的行为谈吐才能维持交往。而日常生活中大量的与人交往活动是没有规则的。很多自闭谱系障碍患者,即使是智力水平较高的也往往缺乏动态交往技能。RDI疗法则恰恰致力于培养动态交往技能。

- 以游戏为主导,活动设计体系化。游戏贯穿于RDI训练的各个阶段,这一方面可以给自闭谱系障碍儿童提供快乐的情绪体验,一方面可以借助游戏来帮助他们感受和表达交往的技巧。游戏的主体是儿童,家长或治疗师只是起到引导的作用,而不是主导者。RDI的方法体系倡导家长和治疗师的引导式参与,特别强调家长的重要作用,并具体交代了每一个游戏应该采用的引导参与策略。

- RDI使用的是阶段性评量与实施。该方法体系的结构性、阶段性较强,每一阶段都有评量标准,课程展开方式也是按照阶段和级别一步步递进的,阶段之间具有较强的联结。开展游戏之前,要先评量儿童处于哪个阶段的某一级,然后再根据儿童现状选取游戏形式。在治疗训练开始后,需要定期做进行性评估,以了解治疗效果和及时调整训练方案。

对于自闭谱系障碍儿童来说,治疗训练过程是漫长而艰苦的,仅靠专业治疗师在有限时间内进行训练是远远不够的。RDI 提倡在家庭中建立 RDI 式生活模式,有利于将治疗训练常态化、长期化。通过教会家长一系列引导自闭谱系障碍儿童发展的方法,将训练要点和日常生活相结合,家长的引导式参与无疑会在日常生活中创造更多的训练契机,有利于自闭谱系障碍儿童习得技能的迁移。

尽管 RDI 训练模式拥有上述众多的优点,但是目前在具体实施中也存在着一定的问题。首先是由于文化背景差异,RDI 训练中很多的游戏虽然在美国等西方世界有着广泛的认知,但是在中国并不常见,需要家长和治疗师把握住 RDI 设计的整体理念,对其进行改造和创新,以适用于实际情况。因此对家长或治疗师掌握儿童状态的水平、游戏设计与组织的水平都有较高要求。这也直接导致了第二个问题,即对家长和治疗师专业化水平以及训练态度的要求比较高。很多家长和治疗师设计游戏的能力并不强,而且已经习惯了按照自己的意图来主导儿童的玩耍,主观性较强,很难真正地理解并融入儿童的世界。

(4) 结构化教学(TEACCH)

① 结构化教学的创立和发展

结构化教学(Treatment and Education of Autistic and Related Communication Handicapped Children,TEACCH),自闭谱系障碍及相关交流障碍儿童的治疗和教育,是由美国北卡罗来纳大学的席

普勒(Eric Schopler)及其同事在20世纪70年代早期创立的。结构化治疗,也叫结构化教学,是一种广泛应用于残障儿童的特殊教育方法。它通过有组织、有系统地安排教学环境、教学材料以及教学程序,运用操作性条件作用原理,让儿童进行有效的学习和训练。

对自闭谱系障碍儿童来说,活动应有视觉的或身体化的具体要素,也就是说,看得见、可把握、可触摸,方可理解和把握,否则难于使他们保持较长时间的注意力,抽象的语言指示很可能完全无效。[①] TEACCH的核心理念就是结构化和个性化,结构化主要是为了避免自闭谱系障碍儿童对感觉输入的高敏感性而产生的对环境或所接触事物变化的不适应性,结构化教学主要包括物理组织、时间表、工作系统、作业组织四个要素,把物理环境、作息时间、工作学习等方面结构化,使环境和事件具有可预测性。

② 结构化教学(TEACCH)的训练内容

TEACCH主要对自闭谱系障碍儿童在语言、交流以及感知运动等方面存在的缺陷进行有针对性的训练,训练内容包括儿童模仿、粗细运动、知觉能力、认知、手眼协调、语言理解和语言表达、生活自理、社交以及情感情绪等各个方面。TEACCH根据学生的学习目标及能力,强调训练场地及有关物品的特别摆放,对学习环境,包括时间、空间、教材、教具及教学活动,做出系统性及组织性的安

---

① 尤娜,杨广学.自闭谱系障碍的结构化交际训练:TEACCH方案的考察[J].中国特殊教育,2008,6:47—51.

排，以实现教学目标。

自闭谱系障碍儿童虽然存在广泛的发育障碍，但在视觉方面存在一定优势。应当充分利用儿童的视觉优势安排教育环境和训练程序，增进儿童对环境、教育和训练内容的理解、服从，以全面改善儿童在语言、交流、感知觉及运动等方面存在的缺陷。TEACCH注意到了自闭谱系障碍儿童的这一特点，注重训练程序的安排和视觉提示，充分利用自闭谱系障碍儿童的视觉优势，利用图片等作为视觉线索引导儿童的活动，充分运用语言、身体姿势、提示、标签、图表和文字等各种方法增进儿童的理解、交流和掌握。同时运用强化原理和其他行为矫正技术帮助儿童克服异常行为，增加良好行为。

③ TEACCH 的特点

作为一套系统的治疗措施，TEACCH 具有良好的灵活性、开放性和兼容性，同时具有较好的操作性。TEACCH 方案的基本目标是使人际交往成为自闭谱系障碍儿童有趣味、有意义的积极体验，所以，重点不在于教给他们某些"正常"的交际技能，而是使学校以及家庭中的各种活动结构化，以便他们易于理解并带给其乐趣，从而有效地促进其人际关系的发展。

有关研究表明，该方案能够帮助各个年龄段和不同发展水平的自闭谱系障碍患者体验到社交情境的乐趣，并提高他们的社会交往技能。有研究者对 TEACCH 和其他自闭谱系障碍干预方法的功效进行了比较，发现 TEACCH 能提升自闭谱系障碍儿童的发展和适应能力,显著增加自闭谱系障碍儿童的社交能力和自发性交流能力,并减少问题行为的发生。[①] TEACCH 课程适合在医院、康复训练机构开展,也适合在家庭中进行。

(5) 波特奇早期教育方法

① 波特奇早期教育方法的产生和发展

波特奇早期教育方法(Poztage Guide to Eazly Education,PGEE)又称波特奇计划,最初是 1969 年在美国威斯康星州的波特奇镇所推行的一种帮助残疾儿童顺利入学的教育方案。该方案由美国残障教育局主持开发,专业机构编写,供教师进行家访及指导家长时使用,适用于 0~6 岁的儿童。PGEE 把儿童早期发育过程中出现的包括婴儿刺激活动、社会行为、语言、生活自理、认知和运动六个领域共 556 项行为表现,确定为能代表儿童各个年龄阶段发育状态的目标行为,这些目标行为既可以作为评价儿童发育是否正常的标准,又可以成为对儿童进行教育训练的项目;它既适合于对健全儿童进行早期教育,也适合对残障儿童进行早期干预。

1976 年经过修订公开发行后,PGEE 被推广到世界上四十多个国家和地区。这项家庭训练指导方案已发展成为国际上得到广泛应用的针对发育迟缓儿童的早期干预的康复方法。1988 年苗淑

[①] Panerai S et al. Benefits of the treatment and education of autistic and communication handicapped children (TEACCH) programme as compared with a non-specific approach. *Journal of Intellectual Disability Research*,2002,46(4):318—327.

新教授将其引入我国,经试用取得了显著效果。① 该计划的指导手册内容详细、具体,实施过程以家庭为中心,更适合家长直接参与对幼儿的训练活动时使用。

② 波特奇早期教育方法的特点

波特奇早期教育方法反映了儿童生长发育和全面技能发展的规律、特点及顺序,经过 40 多年的实践应用和理论研究,已被证明是对特殊儿童进行早期干预的积极有效的康复方法。

PGEE 的显著特点是可以适用于智龄为 0 至 6 岁的儿童,也就是说只要特殊儿童的智龄在 0 至 6 岁之间,不管其生理年龄如何,仍然可以用 PGEE 作为康复训练的指导依据,制订和实施康复训练计划。对于某个单项领域而言,例如语言领域发展落后的自闭谱系障碍儿童,也可仅用语言领域中的行为目标作为训练的指导依据。

PGEE 具有严谨的计划性、程序性和可操作性,它为对特殊儿童干预什么和怎样干预提供了具体明确的方法。在干预目标上,PGEE 更注重的是全面而综合的技能发展,这为儿童回归主流创造了条件。在实施过程中,强调专业人员指导和家长的参与相结合,强调儿童在康复过程中的专心、模仿和服从是取得预期效果的必要条件。PGEE 的干预过程完全是无损伤性的,既不需要药物或手术等医疗手段,也不需要复杂的设备条件或专业技术,安全便捷,适合

---

① 赖仲泰."波特奇"与特殊儿童早期干预[J].现代特殊教育,2005,4:15—16.

于在特殊学校和家庭中实施。这是它得以在众多国家和地区推广的优势所在。

③ 波特奇早期教育方法的构成

波特奇早期教育方法的结构由三大部分构成：

a. 行为核对表：此表格既用于评估和确定儿童的起始状态，又是制订训练计划的依据，同时也是评价训练过程的记录。每个儿童各有一册，伴随儿童干预康复的全过程，可达数年或更长时间。

b. 指导卡：这是一本实施早期干预训练的操作手册，详细地介绍了六个领域 556 项行为目标的内容、要求和操作方法。

c. 使用手册：该手册从总体上介绍了 PGEE 的研发过程、原理、内容及结构，介绍和解释核对表和指导卡的使用方法，以及如何制订干预训练计划和评价干预效果。

波特奇早期教育方法的干预和训练的内容包括六个领域：婴儿刺激活动、社会行为、语言、生活自理、认知及运动。这六个领域不是相互孤立的，而是互相渗透，相互衔接的。婴儿刺激活动由 45 项行为目标组成，通过积极而有意义的强化刺激，引发婴儿的各种反射，促进其神经系统、感知觉及运动功能的发展；社会行为领域是指通过模仿、参加集体活动和在与他人交往的过程中，学会与他人共同生活，以及进行交流时的适当行为和技能，由 83 项行为目标组成；语言领域培养儿童对语言的理解和表达能力，由 85 项行为目标组成；生活自理领域包括独立生活的各种技能的习得，由 101 项行为目标组成；认知领域是指对事物观察、理解、分析比较及记忆思维等方面的能力培养，由106项行为目标组成；运动领域是指儿童粗大动作和精细动作的发展和协调能力，由136项行为目标组成。这六个领域涵盖了儿童各个年龄阶段综合技能的发展状态。

划分这六个领域的目的是便于准确研究、观察、评估和干预某一行为目标或各类行为表现和技能。每个领域由若干项反映各个年龄阶段发育状态的代表性行为组成，称为行为目标。每项行为目标有相对的独立性，但彼此之间又能相互融合，前者可以是后者的基础，后者又可以是前者的延续。在制订干预指导计划时，应严格遵守这个顺序。但具体到每个儿童的发育顺序，也可能出现一定的差异。

(6) 音乐疗法

长期以来音乐作为一种治疗的方式，能够提高情感的表达和积极的社会交往能力。美国音乐治疗领域的先驱加斯顿（E. Thayer. Gaston）认为从功能上来看，音乐本质上是一种交流手段。音乐治疗是儿童社会化的有效手段，治疗过程中可以给儿童之间创造相互交流的机会。

有些自闭谱系障碍儿童会显示出极高天赋的单项特殊能力，比如惊人的数学天赋、超常的记忆力。有相当一部分自闭谱系障碍儿童则在音乐方面表现出了特殊的才华。一项研究发现，自闭谱系障碍儿童的音乐模仿能力比一些有音乐天分的正常儿童还要高。瑞姆兰德(Bernard Rimland)博士认为自闭谱系障碍儿童的音乐能力是普遍性的,他们中的一些人拥有超凡的音乐感,辨音能力也非常高。

大量的研究文献表明音乐疗法一直以来就能够改善自闭谱系障碍儿童的问题,包括行为上的缺陷、感觉和运动能力、语言和交流、人际交往能力、自我表达的能力、自立以及生存的能力。治疗师已经应用几个不同的音乐治疗的形式来治疗自闭谱系障碍患者,包括诺多夫—罗宾斯音乐治疗法、心理动力取向音乐疗法、临床奥尔夫音乐治疗、应用行为矫正的音乐治疗法等。[①] 有研究表明,自闭谱系障碍儿童通过音乐治疗,在社会行为和人际关系上都有所改善,运动机能和肢体运用的想象方面也有所提高。

对大多数自闭谱系障碍儿童尽早进行音乐治疗干预是有重要意义的。适当的音乐活动可以加强他们的参与感,也可在治疗或训练的过程中,提高他们对治疗师的认同感。对自闭谱系障碍儿童,也包括成人患者,进行音乐治疗被越来越多的学者和治疗师认为是一种鼓励交互作用、增强社会意识,同时也能提供放松的有效方式。在游戏中运用音乐对儿童进行能力开发的教育干预,应该得到重视。

当某首歌或者某个音乐片段对于自闭谱系障碍儿童来说是熟

---

① 刘凤琴.音乐治疗对自闭谱系障碍儿童社交障碍的改善作用[J].中小学心理健康教育,2010,5(152):25.

悉的和令他们感到舒适的,但并不是出于满足仪式化的需要时,那么这种音乐就可以用来更好地控制儿童,帮助儿童平静下来,或者集中注意。在摩尔(Julia Moor)对自闭谱系障碍儿童的家长进行的一份问卷调查中发现,许多家长都报告说他们的孩子在很多不同的情境下都把用耳机来听音乐作为帮助他们集中精力做事情(例如做作业)的一种方式。摩尔发现,患有自闭谱系障碍的成年人喜欢戴着耳机听音乐,排除环境中的负面干扰,显得自得其乐。

但是必须注意,合理利用音乐的作用,一定需要专业的眼光。对于一些自闭谱系障碍儿童来说,音乐也可能会使他们不能进行任何的互动。从来都没有听过的乐曲或者意料之外的声响都会引起他们即刻的焦虑反应,他们可能会由于突然的变化而尖叫、捂住耳朵,或者跑到别的远离音源的房间去。在有经验的治疗师指导下,设计和实施音乐治疗,应采用可预料的、令儿童觉得安全和舒适的乐曲,配合适当的环境背景、活动器材和律动,有目标地进行干预。

(7) 游戏疗法

① 为什么游戏如此重要?

游戏是儿童的天性,对儿童的发展和成长具有重要的意义。当我们还是儿童时,也许并没有意识到自己在玩耍中做了什么特别的事情,而只是自由自在地玩玩具或者和朋友做游戏,但是恰恰是这些看似自然和不经意的举动,事实上对我们未来成年的发展具有重大的意义和影响。游戏和社会性发展是共同发展,互为条件的。从最初的出于本能和天性的动作模仿以及婴儿和看护者之间的早期互动,到学龄儿童和同伴之间相对复杂的玩耍,游戏都作为一种基础性、支持性的交互作用而产生影响。这种交互作用会促进儿童自我认同感的发展和社会意识的觉醒。在游戏中,儿童也会渐渐学会例如合作、移情以及相互尊重等社交技能。

游戏治疗起源于精神分析学派,心理动力的游戏治疗强调游戏的宣泄功能,表达和宣泄消极体验使得儿童内心世界的能量达到平衡,一定程度上解决了情绪导致的行为问题。游戏的重要性不仅仅体现在促进儿童的社会性发展上,它同时还具有许多其他的功效:

a. 发展儿童象征性理解的能力。游戏中象征物的使用使儿童明白玩具可以代表真实的事物,可以让他们更多地了解外部真实世界,以及如何和所处的环境产生交互影响。

b. 儿童通过游戏可以测试物体是如何运作的,也可以演示一些行动会产生怎样的后果。

c. 儿童可以在游戏中没有危险地去尝试那些让他们感到害怕的想法或念头。例如在玩假装游戏时,他们可能会想"如果我发出声音的话,那么大灰狼就会来抓住并吃掉我……"

d. 游戏可以使儿童弄清楚人们之间的关系,同时使他们明白在某种关系中应该期待什么以及怎样表现才能够达到目的。这一点在过家家游戏中尤其明显,例如儿童扮演医生、老师、家人等。

e. 在游戏中,儿童通过音乐、绘画、舞蹈等方式可以自由地表现他们的想象力和创造力，从中获得成就感、满足感和自尊感。

值得注意的是，儿童在进行游戏时并没有意识到也完全不知道他们为什么喜欢游戏。他们只是本能地选择玩耍来和周围的人们以及环境进行互动，在游戏过程中所体验到的快乐感觉促使他们选择继续进行游戏。

② 游戏治疗的内涵与发展

游戏治疗是治疗师以游戏为主要沟通媒介来矫正儿童心理和行为障碍的一种治疗方法，起源于精神分析学派，其目的是通过游戏活动帮助儿童宣泄不良情绪，发展智力与社交技能，形成完美人格。

在游戏治疗中，游戏本身不是目的，而仅仅是治疗的一种手段。游戏治疗的突出特点是以游戏作为沟通的媒介。虽然起源于精神分析学派，但它并不是某一学派特有的方法，而是任何一种心理治疗均可以使用的工具。20世纪以来，游戏治疗不断发展并得到广泛的应用，不仅限于儿童，而且用于成人的心理治疗；不仅适用于个体治疗，也广泛地应用于团体咨询和治疗，并具有良好的效果。[1]

游戏治疗主要经历了精神分析取向的游戏治疗、结构主义游戏治疗和人本主义游戏治疗三个发展阶段。[2] 游戏治疗强调以游戏作为沟通媒介，凡是运用游戏作为沟通媒介的心理治疗都可称为游

---

[1] 毛颖梅.游戏治疗的内涵及其对智力障碍儿童心理发展的意义[J].中国特殊教育，2006，10：36—39.
[2] 黄焱.自闭谱系障碍儿童的游戏治疗[J].现代特殊教育，2008，3：35—36.

戏治疗。由于心理治疗师不同的理论取向,发展出个人中心游戏治疗、认知行为游戏治疗、格式塔游戏治疗、亲子游戏治疗、团体游戏治疗等方法。

游戏治疗最早起源于精神分析学派。弗洛伊德认为人格结构中本我所遵循的快乐原则是人类一切心理活动和行为的首要准则。在游戏中,儿童通过游戏来满足愿望,使其受到压抑的敌意冲动得到发泄,因此游戏对于儿童精神分析具有重要的意义。1919年,克莱因把游戏治疗技巧应用于分析6岁以下儿童,使游戏治疗系统化和理论化,形成了精神分析游戏治疗。结构化游戏治疗脱胎于精神分析,但并不强调潜意识的作用,治疗师会根据儿童的具体情况,主动设计游戏活动,让儿童在一定结构化的游戏中发泄能量与压抑的情绪。人本主义游戏治疗关注的焦点则在于如何为儿童创造一个温馨而友好的治疗环境,让他们得到足够的无条件的关注和尊重,从而使儿童能真正地表达自我,治愈内心。

③ 对自闭谱系障碍儿童进行游戏治疗的实践研究

回顾对于自闭谱系障碍儿童进行游戏治疗的实践,主要有布罗姆菲尔德(Richard Bromfield)对高功能自闭谱系障碍儿童进行治疗、鲍姆(Nehama Baum)采用箱庭疗法治疗自闭谱系障碍人群,以及沃尔夫贝格(Pamela J. Wolfberg)用团体游戏来治疗自闭谱系障碍儿童。[①] 这些治疗都取得了一定的疗效。20世纪80年代,日本

---

① 黄焱.自闭谱系障碍儿童的游戏治疗[J].现代特殊教育,2008,3:35.

名古屋大学萌山英顺教授将人本主义理念与精神分析融合于游戏中,创立精神统合疗法(psychology integration therapy),该方法强调治疗师应充分尊重自闭谱系障碍儿童的经验和体验,并能融入其中,达到共情的理解。治疗师通过与儿童一起游戏,分享愉悦经验,随时随地促进儿童与他人交流,不断拓展儿童人际关系的范围。

在国内,相关的研究比较少见,但也有一些研究者进行了自闭谱系障碍儿童游戏治疗的个案研究。例如,有研究者曾对一名不到3岁的自闭谱系障碍儿童进行了3个多月的游戏治疗后,发现该儿童的语言、动作以及社会交往等都有了明显的进步。有人对一名自闭谱系障碍儿童进行了箱庭游戏治疗,结果表明治疗后自闭谱系障碍儿童的自我能量感增强,游戏中的想象性成分不断增多,从单独游戏逐渐向简单合作游戏发展。通过对一名具有异常行为的自闭谱系障碍儿童进行游戏干预的倒返实验,发现通过游戏干预,该儿童的异常行为明显减少,异常行为的发生次数也逐渐趋于稳定。[①]

尽管游戏作为一种天性对于儿童的社会性发展及个性化发展起到了如此巨大的作用,但是鉴于自闭谱系障碍儿童特殊的认知缺陷和交流障碍,让他们像普通儿童那样进行游戏是非常困难的。

首先,口语表达能力的丧失和语言理解困难的双重障碍,使得自闭谱系障碍儿童很难理解父母或治疗师的话,从而难以产生

[①] 朱友涵,孙桂民.游戏矫正自闭谱系障碍儿童异常行为的个案研究[J].中国康复医学杂志,2008,23(1):79—80.

语言上的互动。其次,社会性交往障碍使得他们不愿意让他人分享自己的体验和想法,也缺乏对他人的想法、感觉和意图的理解。同时,他们也不能对一些非言语线索,例如脸部表情、声调变化等做出恰当的反应。再者,想象力和象征性游戏的缺乏,使自闭谱系障碍儿童很难理解想象性情景的含义,导致他们只会进行一些对他们自己而言具有某种隐秘意义的强迫性、重复性、仪式化的行为。

为了提高自闭谱系障碍儿童的社会交往能力,游戏技能不可或缺。这些游戏技能,从易到难可以包括独立性游戏、社会性游戏和戏剧性游戏。而具体训练项目的选择,则要根据孩子的发展程度而定。

训练自闭谱系障碍儿童做独立性游戏,有助于发展他们的语言能力和认知能力,有助于为他们加入社会性游戏作准备,也有助于他们减少自我刺激等问题行为。独立性游戏的例子可以包括玩积木,用彩笔画画,开玩具汽车、火车等。

当自闭谱系障碍儿童学会了一些独立性游戏之后,成人可以教其学习社会性游戏。这样,自闭谱系障碍儿童就有机会与其他儿童进行社会交往了。社会性游戏的技能可以包括自闭谱系障碍儿童主动要求与其他儿童玩、分享活动用品以及按照顺序参与等。对许多自闭谱系障碍儿童来说,这里的每一方面都需要进行有计划的训练。

想要了解自闭谱系障碍儿童的社会交往技能的发展特点、特殊需求和干预方式,有必要先对一般正常发展儿童社会交往技能发展的关键阶段、典型行为等有所了解,以此为对照来进行能力评估,并探寻对于自闭谱系障碍儿童来说最为恰当的干预目标。儿童的社会交往能力的发展具有很大的个体差异,同时也与环境密切相关。一般而言,我们可以结合社会发展核心技能和社会交往技能里程碑,来评估儿童的发展水平。评估的时候,如果发现儿童在其对应生理年龄阶段没有出现相应的技能或没有达到技能水平,就要引起特别的注意。

第二部分

看看你的孩子的发展水平

发展自闭谱系障碍儿童的社会交往能力

一 "我准备好了吗?"

表2-1 2~5岁儿童社会性发展的主要特征①

年龄(岁)	一般孩子会……	推荐活动/游戏
2岁	● 可以独自玩耍 ● 精力充沛,自得其乐 ● 依赖于成人的指导 ● 可能会想要某物,但是对于他人的感情和需要了解很少 **要注意咯!** ● 对成人的呼唤等没有反应,缺乏共同注意力,逃避目光接触和拥抱	1 挠痒痒游戏 2 拉大锯,扯大锯 3 一起藏猫猫
3岁	● 开始学习轮流 ● 开始知道男孩和女孩的不同 ● 喜欢简单的集体游戏 ● 乐于帮忙做简单的事情 ● 能够回应成人的赞成和不赞成 ● 对于同理心和别人的观点能有一个初步的了解 **要注意咯!** ● 不能轮流,固着于自己的玩法	4 现在该我了 5 滚球游戏(等待轮流) 6 投球高手 7 胯下滚球 8 橡皮泥大师 9 一起玩拼图 10 水果忍者 11 积木排排乐1 12 积木排排乐2 13 积木排排乐3 15 泡泡小画家 16 吹泡泡 17 开火车 ……

---

① 此部分参考 Clarissa Willis. *Teaching Young Children With Autism Spectrum Disorder*. Beltsville: Gryphon House, 2006: 158.

续表

年龄（岁）	一般孩子会……	推荐活动/游戏
4岁	● 变得乐于社交，会玩简单的规则游戏 ● 可以选择同伴并和同伴一起玩游戏 ● 更充分地理解他人有自己的情感和需要 ● 当别人不高兴或悲伤时能有所反应 **要注意咯！** ● 逃避社交，不愿意和同伴一起玩；不能辨别基本的表情和情绪	38 你喜欢做什么？ 39 认识自己和他人 40 全家总动员 41 高兴还是难过 43 我很害怕 44 我很生气 45 表达喜怒哀乐 46 猜猜我是谁 47 鬼脸嘟嘟 48 补齐娃娃脸 49 手绘表情脸谱 50 表达自己的喜好 ……
5岁	● 享受并为自己的作品感到骄傲 ● 可以和朋友们一起玩，并对某些朋友表现出偏爱 ● 能够理解社会交往互动的抽象本质 ● 能够分辨出玩笑话和严肃的警告 ● 能够自在地笑和做出情感反应 **要注意咯！** ● 逃避社交，缺乏同理心和情感互动	55 让我帮助你 56 我们是朋友 58 一起来分享 59 一起来读书 60 劳动小能手 ……

发展自闭谱系障碍儿童的社会交往能力

  社交技能发展里程碑

　　模仿能力、社会调控、分享共同注意力及双向互动技能的发展，构成了儿童早期社交技能发展的核心。这些核心技能的掌握奠定了社会交往技能发展的基础。必须由专业人员或父母等主要照料者，在社会互动的情境下对儿童进行细致入微的长期观察，以获得儿童发展的详尽信息。

　　亲社会行为是指儿童在社会交往过程中所表现出的善意的随机行动，这是年幼儿童社会情感发展的显著特点，它包括给予正向注意力、提供协助、注意到别人通过情感或语言表达的认可等，经由微笑、大笑、分享与合作等情绪的回应，是促成成功社会互动的关键性行为[1]。

　　在这里要特别注意的是，很多家长往往觉得让儿童开口说话是非常重要的，甚至是所有干预活动的核心。事实上，很多自闭谱系障碍儿童可能终生都不能发展出正常的语言能力。但是这并不妨

---

[1] 杨宗仁,王盈瓔,杨丽娟,译.做看听说——自闭症儿童社会与沟通技能介入手册[M].台北：心理出版社股份有限公司,2010：64.

碍他们习得并使用恰当的亲社会行为与他人进行互动和交往。儿童不能说话并不影响与他人进行有效的社会互动,儿童完全可以通过手势、动作、眼神等肢体语言进行社交互动。而充分运用这些非言语的沟通方式,可以有效促进孩子的整体发展,因此有利于语言能力的提高。

整合性的干预,要求在具有实际功能的生活情境中,利用多种手段进行切实有效的沟通,做到动手、动脑、动口、动心相互促进,实现全人教育、生态康复的目标。

表2-2 儿童社会交往技能发展里程碑(0~6岁)[1][2]:

年龄(月份)	一般孩子会……	推荐活动/游戏
0~3个月	● 追视在眼前移动的人 ● 对大人的注意报以微笑 ● 对大人的注意报以回声 ● 一边看着自己的小手,一边微笑和发声 ● 和家人在一起时,能微笑和发声,并停止哭泣 ● 对母亲和别人的表情报以微笑 **要注意咯!** ● 不能追视,不能对他人微笑或回应	1 挠痒痒游戏

---

[1] 此部分参考杨宗仁,王盈瓔,杨丽娟,译.做看听说——自闭症儿童社会与沟通技能介入手册[M].台北:心理出版社股份有限公司,2010:67.
[2] 此部分参考 http://wenku.baidu.com/view/7c078cd950e2524de5187e19.html,2011年8月25日.

续表

年龄（月份）	一般孩子会……	推荐活动/游戏
3～6个月	● 分享社会笑容 ● 表现分享注意力 ● 对镜子产生兴趣 ● 重复被人模仿的声音 ● 持续被人模仿的动作 ● 对镜子里自己的影像微笑和发声 ● 轻轻拍拍或拉拉大人的头发、鼻手、眼镜等 ● 伸手拿东西 ● 向熟人伸手 ● 伸手轻轻拍拍镜子里自己的影像或其他孩子 ● 拿住物体，并至少玩弄1分钟 ● 拿一件会发声的玩具，摇出声响来 **要注意咯！** ● 对镜子里自己和他人的影像没有反应	33 镜中自我
6～12个月	● 建立分享注意力 ● 喜欢躲猫猫 ● 结合手势影响他人 ● 指向有兴趣的东西 ● 拉人以引起注意 ● 发出声音引起别人的注意 ● 拿玩具或食物给大人 ● 拥抱、轻拍或亲吻熟识的人 ● 听见叫名字，会寻找叫他的人，并伸手要人抱 ● 挥手说再见 ● 模仿面部表情 ● 模仿新奇的行为 ● 模仿单音节的声音 ● 模仿拍手 ● 模仿高举双臂 ● 模仿挤压或摇动玩具，使它发出声响 ● 把玩具和物品递给大人	2 拉大锯，扯大锯 3 一起藏猫猫

续表

年龄（月份）	一般孩子会……	推荐活动/游戏
	● 模仿其他孩子玩的动作 ● 对因果玩具有兴趣 ● 能独自玩耍 10 分钟左右 ● 当孩子被照顾时，他能注视大人 2～3 分钟 ● 在成人身边能愉快地独自玩上 15～20 分钟 **要注意咯！** ● 不能分享注意力，不能以指点等恰当方式引起成人注意，不能进行简单的模仿等	
12～18 个月	● 对同伴有兴趣 ● 喜欢逗别人笑 ● 对成人的称赞有回应 ● 结合手势、眼神注视及口语 ● 对有兴趣的事物会用手指指示，且会表演给别人看 ● 会模仿双音节的口语 ● 模仿成人行为来解决问题 ● 积极探索自己周围的环境 ● 与别人玩用手操作的游戏 ● 玩抱玩具娃娃和布置玩具的游戏 ● 以崭新的方式探索玩具 ● 会用玩具系列性重复地玩 ● 模仿大人做些简单的事情 ● 与一个同伴一起玩各种游戏 ● 与一个同伴一起玩 2～5 分钟 ● 父母不在一旁时，可能有短暂哭闹但仍能自己玩 ● 反复做使大人感兴趣并引人注目的动作 ● 拉着别人看物品或看动作 ● 想让大人给念故事书时，把书递给大人 **要注意咯！** ● 不能对同伴表现出兴趣并一起玩，不能以指点等恰当方式引起成人注意	18 快乐指指指 19 指杯子游戏

续表

年龄(月份)	一般孩子会……	推荐活动/游戏
18～24个月	● 对成就表现愉悦感 ● 在他人烦闷时会试图安慰 ● 能和成人沟通需求、兴趣与情感 ● 能和同伴玩平行游戏 ● 对同伴活动有兴趣 ● 能和两三个同伴一起玩 ● 能和成人或同伴玩简单的互动游戏 ● 喜欢玩追逐游戏 ● 开始模仿同伴 ● 开始出现玩具象征性玩法 ● 模仿成人简单的行动 ● 喜欢听简单的故事 ● 一看见危险事物,就缩回手来,并说"不可以" ● 能进行短暂等待 ● 按要求与其他同伴分享玩具和食物 ● 如被提醒,会用动作和话语向同伴或熟悉的大人打招呼 **要注意咯!** ● 不能和成人或同伴玩简单的互动游戏,对他人活动缺乏兴趣,不能模仿和分享玩具、食物等	27 探索周围环境 28 远离危险物
2～3岁	● 在游戏中假扮成人的角色 ● 模仿先前看到的活动 ● 参与有人监管的小团体游戏 ● 能听从父母的简单指令 ● 能按指示把东西拿过来或把他人叫过来 ● 有兴趣地听5～10分钟音乐和故事 ● 鼓励孩子说"请""谢谢" ● 试着帮助做些家务事 ● 穿大人衣服玩化妆游戏 ● 从两件物品中选一件喜欢的 ● 用话语来表示喜、怒、哀、乐 **要注意咯!** ● 不能玩过家家等假扮游戏,不能用语言来表达自己的需求和情绪状态	4 现在该我了 5 滚球游戏 6 投球高手 7 胯下滚球 8 橡皮泥大师 9 一起玩拼图 10 水果忍者 11 积木排排乐1 12 积木排排乐2 13 积木排排乐3 15 泡泡小画家 16 吹泡泡 17 开火车 ……

续表

年龄(月份)	一般孩子会……	推荐活动/游戏
3～4岁	● 对某些同伴特别偏爱 ● 说出自身的情感 ● 在游戏中扮演不同角色 ● 在游戏中开始轮流 ● 在成人监督下玩团体游戏 ● 随着音乐唱歌跳舞 ● 模仿其他孩子的动作，遵守集体游戏的规则 ● 不用提醒也会向熟悉的大人打招呼 ● 在成人指导下，遵守集体游戏的规则 ● 想玩小朋友的玩具时，说："借给我好吗？" ● 不必提醒，孩子有一半时间会说"请"和"谢谢" ● 用电话与熟人交谈 ● 按顺序等待参加游戏比赛 ● 基本上能遵从成人的要求 ● 在室外指定场所做游戏 ● 自己玩，有时与其他同伴玩并互相说话约30分钟 **要注意咯！** ● 不能参与团体游戏，不能理解并遵守规则，不会主动打招呼和使用"请""谢谢"等礼貌用语	29 听从指令（一步指令） 30 听从指令（两步指令） 31 听从指令（三步指令） 32 叫我的名字 20 看！这是什么？ 21 可以给我吗？ 22 寻宝游戏 23 人体三明治 24 海上行船 ……
4～5岁	● 有偏爱的朋友 ● 与人玩合作性游戏 ● 在游戏中发展符合逻辑序列的事件 ● 在简单游戏中遵守游戏规则 ● 与多个同伴进行需要按次序玩的游戏 ● 能发现某人需要帮助并给予协助 ● 不需提醒，即可与人分享及轮流 ● 需要帮助时，能求助近旁的人 ● 不用提醒，做错事时基本能向人道歉 ● 能加入与大人的谈话	45 表达喜怒哀乐 46 猜猜我是谁 47 鬼脸嘟嘟 48 补齐娃娃脸 49 手绘表情脸谱 50 表达自己的喜好 ……

续表

年龄（月份）	一般孩子会……	推荐活动/游戏
	● 在众人面前唱歌、跳舞 ● 不在人前做使人讨厌的事 ● 使用别人的东西，要先得到别人的允许 **要注意咯！** ● 不能分享和轮流，不会求助和道歉	
5～6岁	● 对他人做好事给予正向反应 ● 有一群好朋友 ● 遵守社区规则 ● 利用成人的衣物玩扮演成人的游戏，能扮演复杂的成人角色 ● 自己扮演故事中的一部分角色，或让木偶扮演 ● 可玩高难度及须决定的游戏 ● 玩团体的合作性游戏 ● 即使成人始终不在场，也能与4～5个同伴合作做游戏 ● 向其他同伴说明游戏的玩法或游戏规则 ● 能玩猜谜游戏 ● 当同伴遇到困难时，能主动给予帮助 ● 选择自己的朋友 ● 自己确定目标并由自己实现 ● 在公共场所不打搅别人 **要注意咯！** ● 没有朋友，不能参与团体合作游戏，不能主动发起游戏或互动	53 学会打招呼 54 礼貌小标兵 55 让我帮助你 56 我们是朋友 57 洋娃娃游戏 58 一起来分享 59 一起来读书 60 劳动小能手 ……

发展与个人差异关系模式六个情绪里程碑发展检核表

正如在第一部分中所提到的那样,发展与个人差异关系模式(Developmental Individual-Difference Relationship-Based Model,简称 DIR)介入的主要目的是为让儿童能对自己形成一种意识,知道自己是有意图、互动的个体,并借由这种最基本的意识来发展认知、语言和社会能力。DIR 模式认为对于自闭症儿童应集中改善其障碍症状背后的功能缺失,促进儿童的整体发展,而非仅仅着眼于改变各种行为问题。作为 DIR 模式的核心组成部分,地板时光是一种综合的、有系统的干预技术,强调治疗师、家长或教师应根据自闭症儿童个人独特的功能发展阶段,调整人际互动的具体方式,重建儿童与人沟通及建立关系的发展,基本目标是促进互动关系中温情、亲密和愉快感觉,而并不仅仅在于教导特定的技能。地板时光疗法的目标,是帮助儿童实现心理发展的六种基本能力:

- 对周围的环境、情境、声音等刺激能有效表达自己的兴趣和感受,具备情绪体验和自我调节的能力。
- 与父母等"重要他人"在互动性的日常经验中体验到亲密感的能力。

- 与他人进行密切接触、相互影响的双向沟通能力。
- 丰富、复杂的情感表达（动作或言语）能力。
- 通过想象和游戏产生观念的想象能力。
- 在各种不同观念之间建立联系的能力，即现实构想和逻辑建构的能力，包括游戏活动的规划，话语的逻辑表达，情绪感受，个人意见的确切表达，形成周密的问题解决程序的能力。

这六种能力可以进而概括为自我调适及对世界产生兴趣、亲密感、双向沟通、复杂的沟通、情绪概念、情绪思考这六个重要的情感里程碑。地板时光的开创者给出了一份观察检核表来记录自闭症儿童目前在每项里程碑的发展情况。家长可以参考这个检核表的内容，结合之前的儿童社会技能发展里程碑，综合考察和评估自己孩子的发展状况和水平。具体的检核项目可以参照表2-3。

表2-3 观察每个孩子——六个重要里程碑观察检核表[①]

使用下列检核表以确定孩子已经掌握了哪些里程碑、哪些还需要继续努力。检核表上端列出每一项里程碑中，记录孩子应该已经掌握的能力。你可以使用量表等级来记录孩子目前每项里程碑的发展情况。如果孩子的某项技能已经稳定出现，请记录他开始掌握这项技能的年龄。

量表等级：
N—从来不曾出现的能力　S—有时会出现的能力　A—稳定出现的能力
L—压力之下（饥饿、生气、疲累等）会消失不见的能力

能力	目前状况	年龄
里程碑一：自我调适及对世界产生兴趣		
1. 对不同的感觉讯息产生兴趣，持续三秒以上		
2. 保持冷静和专注，保持两分钟以上		

---

① 刘琼瑛，译. 特殊儿教养宝典：促进智力和情绪成长的全新疗法——地板时光疗法（上）[M]. 台北：智园出版社，2010：112—116.

续表

能力	目前状况	年龄
3. 在你的帮助之下，能够在20分钟内从难过的情绪中恢复正常		
4. 对你表现出兴趣（即不只是对无生命的物体感兴趣）		
里程碑二：亲密感		
1. 回应你的示意（微笑、皱眉、伸手、说话声或其他有目的的行为）		
2. 回应你明显快乐的示意		
3. 回应你好奇及坚定关心的示意（譬如研究你的脸部表情）		
4. 期待再看到一个曾经出现又被取走的物体（譬如微笑或展现兴趣的喃喃自语声）		
5. 一起玩时，你若没有反应，他会显得不开心，并且持续30秒以上		
6. 受挫时会抗议且生气		
7. 在你的协助之下，15分钟之内可以平复难过的情绪		
里程碑三：双向沟通		
1. 会以有清楚意图的肢体动作回应你的动作（例如会伸手回应你伸手抱他的动作，回应你的说话声或注视的眼神）		
2. 会主动与你互动（例如伸手摸你的鼻子、头发或要求玩具，伸手要你抱他起来）		
3. 表现出下列各种情绪感受： ① 亲密感（例如被拥抱时会回抱，会伸手要别人抱） ② 快乐和兴奋（例如他会把手指头放在你的嘴巴，或从你的嘴巴拿出玩具放到自己嘴里时会开心地笑） ③ 好奇心（例如触摸并研究你的头发） ④ 抗议或生气（例如把餐桌上的食物推倒或要不到玩具时就大吵大闹） ⑤ 害怕（例如躲避，看起来受到惊吓或陌生人太过接近他时会哭泣）		

续表

能力	目前状况	年龄
4. 难过时,拉他与别人互动,能在 10 分钟之内平复心情		
里程碑四:复杂的沟通		
1. 能依序开始并结束 10 个以上的沟通循环(例如拉起你的手、走到冰箱前、用手指着、发出声音、用更多的吵闹声及肢体动作、继续使用肢体动作沟通,直到你打开冰箱,让他拿到想要的东西)		
2. 以一种刻意的方式模仿你的动作(譬如戴上爸爸的帽子,在家里来回炫耀,等着别人的称赞)		
3. 用下列方式开始并结束 10 个以上的沟通循环: ● 发出声音或说话 ● 面部表情 ● 相互触摸或拥抱 ● 与你处在同一个空间时出现的动作(譬如大吵大闹) ● 大动作的活动(譬如追逐游戏、攀爬游戏) ● 超越空间的沟通(譬如可以在不同的房间,与你进行并结束 10 个循环)		
4. 出现下列情绪感受时,会依序开始并结束 3 个以上的循环: ● 亲密(譬如利用面部表情、姿势及发声以获取一个拥抱、亲吻或安抚,或者会模仿,譬如你在打电话时,他也会学着用玩具电话来打电话) ● 愉悦及兴奋(以注视及发出声音的方式邀请别人分享对某事物的兴奋心情;和其他小朋友或大人一起对令人恼怒的事一笑置之,和他们分享笑话) ● 好奇心(独自探索;独自一个人玩耍或探索时,能够运用超越空间的沟通能力,感受到与你之间的亲密) ● 害怕(告诉你如何保护他。例如说着"不要",然后跑到你身后躲起来) ● 愤怒(故意敲打、捏掐、猛击、尖叫或躺在地上以表达愤怒,有时则以冷漠或生气的表情取代) ● 设定限制(不管你使用言语—"不要这样,停下来"或使用肢体动作—摇摇手指头、生气的表情等,他都能了解并会回应你设定的限制)		

续表

能力	目前状况	年龄
5. 利用模仿来处理问题,并让自己从挫折中复原(譬如大声叫嚣之后,也让自己砰然躺到地上并学着大声喊叫)		
里程碑五:情绪概念		
1. 使用两个或以上的概念组合成一出假扮的剧情(譬如发生卡车相撞,然后捡起一些小石头;玩偶互相拥抱,然后举办一场茶会。这些概念不一定要相关)		
2. 使用言语、图片、肢体动作,一次传达多个概念(例如:"不要睡,起来玩"。概念之间不一定相关)		
3. 使用以下方式传达愿望、意图及感受 ● 口语 ● 一系列的多种肢体动作 ● 触摸(譬如很多的拥抱或胡闹)		
4. 会玩有规则的简单动作游戏(譬如轮流丢球)		
5. 表达两种或以上概念时,会使用假扮游戏或口语以传达下列各种情绪感受: ● 亲密感(例如,玩偶开口说:"抱抱我。"接着小朋友回答:"我要亲亲你。") ● 愉悦和兴奋感(譬如说一些好笑的话,然后开心地笑) ● 好奇心(例如假装开着飞机在房子里疾驰,表示飞机要飞到月亮上) ● 害怕(例如学军人拿着枪互相射击,然后纷纷中枪倒地) ● 设定限制(例如要求玩偶在茶会中遵守规定)		
6. 利用假扮游戏,让自己从挫折中复原(譬如玩吃饼干游戏,可是现实中却从来没吃过)		
里程碑六:情绪思考		
1. 假扮游戏当中,能够将两个或以上概念有条理地联系在一起,不管概念本身是否合乎现实状况(譬如,坐汽车到月球做客)		

续表

能力	目前状况	年龄
2. 把大人的想法加入假扮游戏当中（譬如，孩子正在煮汤，大人问里面放了什么，孩子回答："石头和泥土。"）		
3. 谈话当中，能有条理连接不同概念；这些概念能够合乎现实情况（譬如孩子说："不想睡觉，想要看电视。"）		
4. 能够开始并结束两个或以上口语沟通循环		
5. 会使用以下方法，联系两个或以上概念，有条理传达自己的意图、愿望、需求或感受： ● 口语 ● 一系列的多种肢体动作（譬如假扮为一只生气的狗） ● 触摸（譬如在假扮的剧情中，孩子假扮为父亲，给孩子很多拥抱）		
6. 会玩有规则的空间及动作游戏（譬如轮流玩滑滑梯）		
7. 利用假扮游戏或口语，有条理传达两种或以上相关的概念，以处理下列情绪感受： ● 亲密感（譬如洋娃娃坏掉了，妈妈动手修理好） ● 愉悦和兴奋感（例如说一些洗澡时的童言童语，然后开心地笑了起来） ● 好奇心 ● 害怕（譬如看到妖怪，让宝宝玩，被吓坏了） ● 生气（例如好士兵对抗坏士兵） ● 设定限制（例如规定士兵只能打坏人）		
8. 利用假扮游戏当中，有逻辑顺序的概念，协助从挫折中复原，譬如提出一种可以处理挫折感的方法		

第三部分

让我们一起来促进
儿童社会交往能力的发展

第三部分主要介绍在家庭中与自闭谱系障碍儿童进行社交互动的一些实用技巧和游戏活动。我们鼓励家长将家庭成员的日常生活作息、游戏活动以及儿童的学习结合在一起,将作息结构化,建立事件发生的先后次序,以及某个人所需负责的工作和扮演的角色,帮助儿童习得恰当的行为,了解和体验人际互动的乐趣所在。

尽管每个游戏都有其独特的目标设置,这些在接下来具体的游戏描述中都有所体现,但是总体而言,本书编写的所有的游戏都有以下三个共同的目标。

- 鼓励儿童关注当下:自闭症儿童在进行社交游戏活动之前需要先参与到具体情境中去,这就需要儿童和干预者之间的共同注意。获得注意和分享空间(gaining attention and sharing space)是至关重要的环节。只有成功地吸引了儿童的注意力,哪怕是只有几秒钟的很短暂的时间,对于他们进行下一步的活动而言也具有非凡的意义。与同龄人相比,自闭谱系障碍儿童实际上一直在极力避免与他人分享空间,将自己封闭在自我的世界中,以此来抵制与他人进行眼神接触、身体接触以及交互作用等可能引起的不适感。[①] 在游戏中,成人可以通过一些尝试鼓励自闭症儿童来分享他们的注意,

---

① Julia Moor. *Playing, Laughing and Learning with Children on the Autism Spectrum: A Practical Resource of Play Ideas for Parents and Carers*. London: Jessica Kingsley Publishers, 2008:21—33.

让他们体验到交流沟通实际上不是单纯的不适感，而是一件有意思的事情。

- 让儿童体验到社交活动的乐趣：通过在安全、可控的环境里练习和掌握社交技能，自闭症儿童可以进一步将所学到的技能迁移到其他的情境中去，扩展其适用范围，并在与同伴的社交互动中获得乐趣和开心的经验，从而形成一个良性的循环，鼓励他们进行更多的尝试。例如，如果一个儿童非常喜欢别人帮他呵痒，并在这一过程中表现出愉悦和放松，那么治疗师或家长可以在给他呵痒时突然停下来，等待儿童做出想要继续的相应举动。这一举动可能是微弱的眼神接触，也可能是把治疗师的手拉回到他的身上。这时候，作为回应，治疗师应当看着他的眼睛，并且给予语言提示："你还想继续吗？"然后再继续呵痒的游戏，让他明白他所作出的举动和治疗师的反应是具有某种联结的，这种交流沟通是具有实际意义的，从而激发儿童进行进一步交流沟通的动机。
- 提高合作能力：意志力薄弱及执行功能障碍导致一些患有自闭谱系障碍或感觉统合失调的儿童缺乏顺畅地与人合作的能力。所谓心理理论（theory of mind），是指个体理解自我和他人的愿望、意图和信念等心理状态，以及能够意识到别人的这些状态可能跟自己是不一样的，并依此对行为做出解释和预测的能力，它使我们能够理解别人的需求可能和自己不同,是产生同理心的基础。① 自闭谱系障碍儿童由于心理理论的缺失,往往不能识别他人通过表情等表达出来的微妙的情感线索,因此也就不能做出他人所期望的行为举动。一些能够说话的自闭症儿童即使具备足够的语言技巧,由于心理理论的缺失,他们仍然很难理解他人的想法、感觉和信念,不能顺畅地与人沟通,不能理解和融入社会。与同伴进行社会交往的最好方式就是和他们一起游戏或完成任务,在活动的过程中去体验成长,发展同理心。

活动训练的总体原则是:从行动的结构过渡到心灵的结构,从人际互动过渡到自我管理。

第一步,帮助儿童投身活动过程:根据儿童的兴趣,一起参与活动。最开始需要成人手把手辅助,实现活动的总体外部结构。也就是说,通过各种辅助手段帮助儿童尽量把活动流程做完整。

第二步,掌握活动的结构:在反复的练习和应用过程中,儿童逐渐熟悉程序化、结构化的活动流程,这时不再需要成人辅助,儿童就可以顺利完成活动,并形成活动的内部图像,或者说活动的心灵地图。

第三步,内部调节与灵活应用:儿童可以根据情境要求完成活动,还可以适当变换活动方式,或者寻求他人的指导和帮助,灵活性

---

① Tara Delaney. 101 Games and Activities for Children with Autism, Asperger's and Sensory Processing Disorders. New York: McGraw-Hill, 2009: 117—118.

地完成活动任务。

根据我们的实践经验，很多自闭谱系障碍儿童并非完全没有和他人进行社会互动的意愿，很多时候，他们想要和成人或者同伴一起游戏，但是却固着于自己独特的行为方式，无法理解规则，我行我素，也不关心其他人的感受，因此不能成功地与他人进行有效的互动。其实我们所做的一切努力都是为了让儿童学会如何有效地和成人、同伴进行社会互动，教他们理解一定的社会规则，让他们学会等待、轮流、合作、分享，在需要他人帮助的时候能够知道该如何求助，当自己的情绪出现障碍时能够进行自我管理。

必须特别注意的是，尽管本手册中的活动根据所侧重的能力训练方面进行了分类，但是每个活动都是整合式的，需要儿童各个方面能力的综合运用和配合，而不是单一的以训练某种预期行为的出现为活动目的。每个活动也并不是一成不变的，可以根据儿童的具体能力水平评估状况和家庭或学校的实际情况进行灵活的改编和组合，也可以以活动范例为基础，根据具体情况进行简化或加深难度（例如，同样的堆积木游戏，对不同能力水平的儿童来说，活动的要求和时间都可以改变），实现活动层级的螺旋式上升。

在活动进行的过程中，成人必须时刻牢记，我们面对的是一个鲜活的，有着独特想法、能力和情感需求的"人"，要实时地关注儿童在游戏活动中的情绪状态，抓住他们的兴趣，维持他们的注意力，保持他们的参与度。如果儿童的情绪状态不太好、没什么精神时，要适当地对活动时间和内容进行调整,或暂时停止训练活动,让儿童得到充分的休息时间。要知道,良好的情绪状态可以让我们的训练效果事半功倍,而活动本身并不是目的,只是一种手段和方式,通过活动中成人与儿童的互动过程,让儿童能够得到成人的无条件积极关注,体验到亲密的情感联系,感受到充足的安全感和愉悦性,进而使自己的社交能力和情感互惠能力得到滋养。互动是双方面的,成人在这一过程中的体验也会有助于自己更好地进入和理解自闭谱系障碍儿童独特的精神世界,成为他们与外界交流和沟通的桥梁。夸张的动作、活泼的语调,尽量吸引儿童的注意力,同时在儿童不能达到要求时,不要急躁,要有充足的耐心和坚持;当儿童表现出抗拒和不合作时,成人要保持温柔但不妥协的态度,和儿童一起体验,一起成长。

下面,就让我们一起开始和儿童的互动吧。

1. 挠痒痒游戏(与成人建立亲密关系)

我们为什么这样做?

挠痒痒是成人与年幼儿童互动时经常进行的小游戏,这一分享性的活动运用了触觉这一最基本的感觉,提升儿童的共同注意能力和社交性回应能力;通过彼此身体的接触,在充满愉悦感的过程中促使儿童与成人建立起初步的亲密关系。

儿童需要准备的

儿童需要具备一定的社交互动能力、共同注意能力和眼神交流能力。挠痒痒游戏的实质在于成人和儿童面对彼此,分享共同的时间、空间和体验,在这一过程中提供了多次进行近距离眼神交流的机会。特别是彼此面对面的共同体验,将能够提升儿童的共同注意能力。

成人需要准备的

在相对安静的环境内,成人可以用较为夸张的表情和声音来吸引儿童的注意力。此外可以准备一个洋娃娃备用。

开始玩吧!

- 开始时成人将儿童抱在怀里,轻轻地挠他痒痒,注意不要过度用力,防止超过让儿童感觉愉悦的界限。这时成人应注意观察儿童的反应,如果儿童表现得很开心,嬉笑着挣扎躲闪,表现出明显的愉悦感并期待成人继续对他挠痒痒时,则继续游戏;偶尔地停下,直到儿童要求成人继续开始。

- 如果儿童表现出明显的抗拒,则应立即停止,并尝试其他的方式。有的儿童可能会有感觉过敏的问题,对这种交流方式感到害怕。这时成人可以在儿童面前试着装作对一个洋娃娃挠痒痒,并假装娃娃非常开心,通过这种方式让儿童明白这种互动是有趣的,并不可怕。

- 鼓励儿童也对成人挠痒痒,成人表现出夸张的样子,大声欢笑并且注意看儿童的眼睛,跟他进行充足的眼神交流。
- 成人需要事先为"停止"设定一个信号,教会儿童当被要求停止时应当立即停下,例如可以和儿童约定将手臂举起来就意味着挠痒痒停止,用这一简单的规则来控制活动的进度。

我们还可以这样玩!

- 成人和儿童面对面坐在沙发上或床上,以成人一个胳膊的距离为宜。成人身体前倾挠儿童痒痒,儿童来回躲闪;然后成人坐直,等待儿童来挠痒痒。可以这样轮流进行几个来回,训练儿童的反应能力。
- 成人可以和儿童面对面站着,伸出胳膊挠他痒痒,并作势追着他跑。反过来,当儿童追着成人跑时,成人可以假装跑不过儿童,故意让他挠痒痒,然后不停地挣扎躲闪,用求饶的样子来逗儿童开心。
- 成人可以装出一副吓人的模样,如学大老虎吼叫,边叫边张牙舞爪地假装要挠儿童痒痒,但并不真的挠他痒痒。
- 开始时可以由一个成人和儿童进行两人互动,之后可以加入更多的家庭成员共同进行这一活动,增加家庭成员之间的亲密感。

🔔 特别要注意的事情

- 有些自闭谱系障碍儿童可能会对触觉过度敏感,他们会十分抗拒这种接触,不适合进行这一活动。
- 成人在进行游戏的过程中更多地要通过各种夸张的表情与动作来增强游戏的趣味性,吸引儿童的注意力,让他们体验亲密互动的感觉。
- 成人和儿童嬉闹时要注意安全,避免儿童由于兴奋而被磕到或者呛到。

掌握了吗?

- 如果儿童能够在成人挠他痒痒时,对听觉、触觉刺激产生相应反应,并能对和成人的互动表现出愉悦感,那么目标就达成了!

2. 拉大锯,扯大锯(与成人建立亲密关系)

我们为什么这样做?

这个活动可以训练儿童坐的能力,锻炼他们的手臂肌肉和胸部肌肉力量,适合较为年幼的儿童接受和掌握;在和成人或同伴一来一往的互动中,训练儿童的目光追随、眼神交流、共同注意以及轮流合作能力。

> **儿童需要准备的**
>
> 儿童需要具备一定的眼神交流能力和运动能力,特别是年幼儿童需要具备坐起来的能力。成人和儿童面对彼此,分享共同的时间、空间和体验,在这一过程中提供了多次进行近距离眼神交流的机会,将能够提升儿童的共同注意能力。
>
> **成人需要准备的**
>
> 在相对安静的环境内,成人可以用较为夸张的表情和声音来吸引儿童的注意力;成人可以自己唱或者准备录音机播放《拉大锯》的儿歌,跟随着音乐的律动进行游戏。

开始玩吧!

- 成人和儿童在床上或者沙发上相对而坐,成人将儿童的双腿夹在自己的小腿中间,伸出双手,拉住儿童的双手。
- 然后成人和儿童轮流一俯一仰,就像不倒翁在来回晃动一样。俯仰时尽可能放低身体,但要注意双腿不要翘起来离开床面。这样双方一来一往,来回律动,就像用力拉锯一般。
- 在游戏的过程中成人可以播放童谣《拉大锯》,并用夸张的语调跟着一起唱,并鼓励儿童也试着跟唱。

我们还可以这样玩!

- 这个活动既可以坐着玩,也可以让成人坐着,儿童站着玩。

- 如果条件允许,也可以让自闭谱系障碍儿童和小伙伴一起玩,由成人在旁边进行辅助和指导,请他们相对而坐,互相握住双手,随着童谣的节奏轮流做出前俯后仰的动作。

🔔 **特别要注意的事情**

- 对于一些自闭谱系障碍儿童来说,可能刚刚开始进行活动时不知道该怎么做,这时可以由两个成人或者一个成人和一个同伴先进行活动示范,让儿童来模仿。
- 训练时要注意最好有一个成人在儿童身后进行必要的保护,以免儿童受伤。
- 成人在进行游戏的过程中需要通过各种夸张的表情、笑容与动作来增强游戏的趣味性,吸引儿童的注意力,让他们觉得有趣,并能体验到亲密互动的感觉。

掌握了吗?

- 如果儿童能够和成人或者同伴手拉手进行一来一往的活动,并能在互动的过程中进行眼神交流,并表现出愉悦感,那么目标就达成了!

3. 一起藏猫猫(与成人建立亲密关系)

我们为什么这样做?

成人和儿童一藏一找的过程实际上就是在进行社交性的互动。

如何 发展自闭谱系障碍儿童的社会交往能力

在藏猫猫的过程中，成人可以和儿童面对彼此，分享共同的时间、空间和体验，并抓住机会进行多次近距离的目光追随、眼神交流和社会性微笑；儿童的共同注意能力也能够得到提升。

儿童需要准备的

进行这一活动，儿童需要具备基本的粗大运动能力和简单的语言理解能力。

成人需要准备的

成人需要事先准备好一条颜色鲜艳的手绢或毛巾，同时在活动中保持积极的精神状态，用较为夸张的声音和动作跟儿童进行互动。

开始玩吧！

- 开始时成人和儿童需要保持比较近的距离（两米之内），然后用手绢或毛巾搭在成人的头上，遮住成人的眼睛和脸，让儿童看不到成人的眼睛和脸。这时成人可以先呼唤儿童的名字，再发出"喵喵"的声音，吸引儿童的注意力；接着成人可以突然放下手绢和毛巾，同时以夸张的"喵喵"声和惊喜的表情与儿童的目光相对。

- 当儿童熟悉了这一过程后，也可以反过来进行，把手绢搭在儿童的头上，遮住他的眼睛，并问："宝宝在哪里啊？"接着突然把手绢放下来,立即注视着儿童的脸和眼睛并说:"哦,原来宝宝在这里呢!"并用惊喜的表情和眼神吸引儿童的注意。
- 可以逐渐增加成人和儿童之间的距离,训练儿童的目光追随能力。
- 这个活动也可以由父母双方一起和儿童进行。父母中一方可以抱着儿童,另一方藏在他们的后面并且来回移动身体,发出"喵喵"的声音来吸引儿童的注意,在儿童注意到成人的面部时要及时地跟他进行眼神的接触和对视。

我们还可以这样玩!

- 这个活动既可以在成人和儿童之间进行,也可以加入其他小朋友一起玩。
- 成人不一定非要用躲猫猫的"喵喵"声来吸引儿童的注意力,可以根据儿童的经验和能力进行灵活调整,只要让儿童在被成人的声音或表情吸引后能及时与其进行眼神接触即可。
- 成人可以在儿童有需求的时候,要求儿童先有目光的接触,才给予回应。

🔔 特别要注意的事情

- 如果条件允许,可以在户外的操场上、草坪上进行躲猫猫的游戏,但要注意周围环境的安全性。

掌握了吗?

- 如果成人能够通过声音、微笑、眼神接触等吸引儿童的注意,

如何 发展自闭谱系障碍儿童的社会交往能力

使他们能参与到活动中并且能够回应成人的呼唤和眼神交流,那么目标就达成啦!

4. 现在该我了(等待轮流)

我们为什么这样做?

等待和轮流在我们的日常生活中无处不在,而患有自闭谱系障碍的儿童往往不能理解和遵守这种基本的社交规则,只按照自己的意图行事。这一活动是之后的涉及等待和轮流活动的基础,通过视觉提示图片的使用对儿童的这一能力进行训练,引导儿童逐步学会等待与轮流,慢慢培养他们遵守社会规则的意识。

儿童需要准备的

进行这一活动,儿童需要具备基本的语言理解能力和共同注意能力。

成人需要准备的

成人需要事先准备好手绘的视觉提示图片或照片,可以用儿童熟悉的动物或者其他图案来分别代表"该我了"和"等待",例如可以用儿童自己的照片来代表"该我了",用一张儿童喜欢的加菲猫趴在床上的卡通图片代表"等待"。

开始玩吧！

- 要让儿童成功地进行轮流，最重要的是让儿童理解并知道什么时候需要做什么，对接下来发生的每一个活动步骤有所预期，让他清楚地知道自己应该进行的活动顺序，以及应该做些什么。
- 可以选择一项儿童最喜欢进行的活动或玩具，以拍皮球为例，成人和儿童可以交替轮流拍，每人玩一会儿之后使用图片来进行提示，然后进行轮换。
- 使用视觉图卡提示下一个轮到谁了。当不是轮到儿童时，成人把代表"等待"的图片交给儿童，并对他说："现在该我玩啦，宝宝要乖乖地等一会儿才能玩哦！"当轮到儿童时，成人先把代表"该我了"的图片交到儿童手中后，并对他说："现在轮到宝宝玩啦！"再把皮球交给儿童，让他玩。
- 当儿童基本理解了轮流和等待的含义后，可以逐步撤去图片的提示，进一步训练儿童的等待和轮流能力。

我们还可以这样玩！

- 这个活动既可以在成人和儿童之间进行，也可以加入其他小朋友一起训练等待和轮流。
- 除了视觉提示图片外，也可以利用计时器来规定每次轮流玩玩具的时间，以计时器的响声作为轮换提示。

如何 发展自闭谱系障碍儿童的社会交往能力

🔔 **特别要注意的事情**

- 成人可以根据日常对儿童的观察和了解,尽量选择儿童最感兴趣的游戏或玩具作为切入点,训练其等待和轮流的能力。
- 有些儿童可能会表现得非常固执,不理睬成人的提示,无法遵守规则。这时成人要保持充足的耐心。
- 如果交换时间到了,儿童不愿意停止正在进行的活动或交换玩具,不要强求,要循序渐进,避免儿童出现哭闹等剧烈的情绪波动。

掌握了吗?

- 如果儿童能够理解视觉提示图片所代表的含义,能够在轮到自己时举起代表"该我了"的图片,没轮到自己时举起"等待"的图片,那么目标就达成啦!

5. 滚球游戏(等待轮流)

我们为什么这样做?

球类活动是很多儿童都比较感兴趣的活动,滚球游戏借助于皮球的来回推送来唤起儿童对他人的关注,同时可以训练他们注意力的持久性和全身的运动协调能力。此外更重要的是在活动的过程中儿童需要和他人协作,并等待按顺序轮流滚球,培养规则意识。

第三部分 | 让我们一起来促进儿童社会交往能力的发展

儿童需要准备的

进行这一活动,儿童需要具备基本的共同注意能力以及对他人存在的意识,手眼协调能力和运动能力。

成人需要准备的

玩具皮球一个。

开始玩吧!

- 成人和儿童一起相对坐在地板上,之间留出一定的距离(5米之内)。如果参加游戏的儿童不能独立坐稳,需要身体的支撑,那么可以让他坐在另一个成人的双腿之间,也可以让他紧挨着成人坐。

- 成人先用夸张活泼的语气引起儿童的注意:"现在我要把球推给宝宝了哦!"之后将球滚向儿童坐着的方向,并说:"宝宝,接住!"成人需要注视着儿童的眼睛,当儿童顺利接到球后及时给予鼓励:"宝宝太棒了!现在换你推给我啦!"

- 进行几个回合后,如果儿童能够掌握轮流滚球的规则了,可以逐步增加参与游戏的人员数量,不断地变换皮球滚向的对象;在滚动球之前,投球者要说出接球人的名字,或者注视着接球人。

- 儿童可以在游戏中逐步记住每个人的名字,并且在长时间的注视和等待轮到他们的次序的过程中，可以增强注意力的持久性。

我们还可以这样玩！

- 可以逐渐增加参与者的数量，开始时是一对一坐着来回推球，熟悉后可以让参加者站成一个圆圈，并将球随意抛向其他人。
- 可以让参加者站成一个圆圈，并把球传向自己右边的人。
- 可以由儿童和同伴一起来玩这个游戏。

🔔 特别要注意的事情

- 可能有些儿童有运动方面的障碍，难以维持坐姿。这时可以让儿童坐在成人的双腿中间，可以适当地施加一些力量来帮助他不会随意移动或者离开位置，确保他可以顺利完成游戏。

掌握了吗？

- 如果儿童能够投入游戏情境中，按照正确的方向将皮球滚给成人或者其他游戏参与者，并准确地说出他们的名字，那么目标就达成了！

6. 投球高手（等待轮流、合作）

我们为什么这样做？

投球高手可以训练儿童注意力的持久性和手眼协调能力，强化他们对呼唤的应答，通过和成人一起合作玩耍，可以训练他们等待轮流的能力，逐步培养其规则意识。

> **儿童需要准备的**
>
> 儿童需要具备基本的身体运动协调能力、应答能力以及和他人一起合作完成游戏的能力。
>
> **成人需要准备的**
>
> 成人需要事先准备好三个儿童游泳圈以及四个玩具塑料球，成人和儿童各两个球。

开始玩吧！

- 成人首先将三个游泳圈对准中心一个个叠起来，形成一个中空的游泳圈栏；成人和儿童各拿两个塑料球，隔开一定的距离，依次轮流将球投到游泳圈栏内，比比看谁投得又快又准。
- 这一过程中成人可以故意假装投不中，并表现出沮丧的样子，看看儿童作何反应（可以趁机训练儿童的同理心，看他能不能对成人的沮丧表示关心）。

- 如果儿童投进了，成人要及时给予他们鼓励和赞扬："宝宝投得真准！太棒了！"

- 成人和儿童依次投完球后，将三个游泳圈分开呈三角形摆放好。成人将球随意投进一个游泳圈中，并向儿童提问："球到哪儿去了？你去帮我捡回来好吗？"如果儿童能够完成指令，则及时给予鼓励，并开始新一轮游戏。

- 如果儿童不能完成指令，成人需要及时作出正确示范，让儿童模仿。

我们还可以这样玩！

- 可以用篮子代替游泳圈，将塑料小球扔进篮子里。
- 可以用塑料袋代替游泳圈，把球扔进塑料袋里。事先在塑料袋的底部戳一个洞，举起袋子的时候球就会滚落出来，再让儿童帮忙去捡球。

🔔 特别要注意的事情

- 对于协调性不好或不能理解语言指令的儿童，成人需要先进行示范，手把手地教他们如何把球扔进游泳圈里。
- 确保使用重量较轻的塑料小球来投掷，避免儿童受伤。

掌握了吗？

- 如果儿童能够投入游戏情境中，能够准确地将球扔进游泳圈栏里,并能够听从指令,帮助成人一起合作捡球,那么目标就达成了!

7. 胯下滚球(等待轮流、合作)

我们为什么这样做?

胯下滚球可以训练儿童的动作协调能力和共同注意力的持久性。通过和成人一起合作玩耍,可以训练他们等待轮流的能力,逐步培养其规则意识。

儿童需要准备的

儿童需要具备基本的身体运动协调能力,能够独自站立和来回跑动以及听从指令的能力。

成人需要准备的

成人需要事先准备好一个玩具皮球。

开始玩吧!

- 这个活动需要两个成人一起和儿童完成。先由成人向儿童示范如何将皮球轮流滚动并让球从胯下滚过。两个成人相对而站,隔开一定的距离,两腿分开与肩同宽,一个成人先发球,将球贴着地面推送出去,穿过对方成人的胯下;对方弯腰接住球后重复同样的动作,将球再推送回去,依次轮流。

- 成人示范完毕后,可以由一个成人和儿童来共同完成胯下滚球的游戏。先由成人发球,穿过儿童的胯下并注意要时刻用较为活泼的语调吸引儿童的注意力,并提示他们该如何做:"看!球传到你那里了,现在该你传回给我啦!"

- 如果儿童成功地将球从成人的胯下穿过,成人要及时地接住球并给予他们鼓励和赞扬:"宝宝做得真好!太棒了!现在该我了!"

- 如果儿童能够完成指令,则及时给予鼓励,并开始新一轮游戏。

- 如果儿童不能完成指令,成人需要及时再次作出正确示范,让儿童模仿。

我们还可以这样玩!

- 如果儿童的运动能力较好,能够理解比较复杂的指令,可以进一步加大活动的难度。

- 可以让两个成人隔开一定的距离相对站立,成人轮流滚动皮球,让儿童站在中间,当球接近自己时及时地张开双腿,让球从胯下滚过;再反方向跑动,重复同样的动作。

🔔 特别要注意的事情

- 对于协调性不好或不能理解语言指令的儿童,成人需要先进行示范,必要时给予协助。

掌握了吗?

- 如果儿童能够投入游戏情境中,能够准确地让球从自己的胯下穿过,接住球并将球滚过成人的胯下,依此轮流,那么目标就达成了!

8. 橡皮泥大师(等待轮流、合作、交流和分享)

我们为什么这样做?

挑选橡皮泥和模具的过程中,可以训练儿童的自主选择能力;将橡皮泥压入模具中塑性或自由揉捏可以锻炼儿童的手部精细动作能力;和成人轮流挑选自己喜欢的橡皮泥和模具,则可以加强儿童的等待轮流能力,逐步培养他们遵守规则的意识,并乐于交流和分享。

儿童需要准备的

儿童需要具备基本的手部精细动作能力、手眼协调能力、语言理解能力,以及对颜色和形状的辨别能力。

成人需要准备的

成人需要事先准备好一桶彩色橡皮泥和两个带有图案的模具(如星星和月亮),在较为安静的环境中和儿童进行一对一的活动。

如何 发展自闭谱系障碍儿童的社会交往能力

开始玩吧!

- 成人将彩色橡皮泥和模具都摊开摆在桌子上,并对儿童说明游戏的规则:"我们一起来玩橡皮泥好吗?"如果儿童表现出较大的兴趣,则进一步鼓励儿童挑选自己喜欢的颜色:"哇,这里有好多种颜色的橡皮泥啊!宝宝喜欢哪一个呢?"

- 成人可以先进行示范,从中挑一个自己喜欢的颜色,拿到自己面前放下,并对儿童说:"我们一人挑一个好吗?我喜欢红色的,现在该你挑啦!"等待儿童挑选完后,再次重复这一过程,每人轮流挑选三种颜色的橡皮泥。

- 接着成人和儿童对模具进行轮流挑选,每人选择一个模具。成人示范将橡皮泥压入模具中,并让儿童模仿自己的动作:"看!我的橡皮泥变成了一个星星!宝宝的橡皮泥可以压成什么样子呢?"鼓励儿童将橡皮泥压到模具中。

- 完成后成人可以提议交换模具:"我们换换模具好吗?"鼓励儿童用不同颜色的橡皮泥压成造型。

我们还可以这样玩!

- 当儿童熟悉了最基本的选择过程后,可以逐渐增加可挑选的橡皮泥颜色、数量和模具形状;如果儿童的能力较好,也可以让其自由揉捏出不同的形状,拓展游戏的难度。

- 成人可以请儿童一起,共同完成一个作品,例如两人各选一种颜色的橡皮泥揉在一起,共同压入模具中。

特别要注意的事情

- 这个游戏可能不适用较为年幼的儿童,成人特别注意不要让儿童吞食彩色橡皮泥。
- 在玩的过程中可以加入语言的训练,教儿童辨别各种颜色和形状,并鼓励他们说出这些颜色和形状的名称。
- 成人在活动过程中要做出兴高采烈的样子,显得很有兴趣,用较为夸张的语调和动作吸引儿童一起参与并及时地赞扬和鼓励儿童。

掌握了吗?

- 如果儿童能够投入游戏情境中,并能够听从指令,和成人轮流选择喜欢的橡皮泥和模具,并能自由揉捏橡皮泥。那么目标就达成了!

9. 一起玩拼图(轮流、合作)

我们为什么这样做?

儿童和成人一起协作完成一幅拼图,可以锻炼儿童的手部精细动作能力;在将拼图片递送给成人的过程中,成人可以充分地和儿童进行及时的眼神接触,训练他们的功能注意能力和听从指令、与人合作的能力。

如何 发展自闭谱系障碍儿童的社会交往能力

儿童需要准备的

儿童需要具备基本的手部精细动作能力、手眼协调能力、语言理解能力,以及对颜色和形状的辨别能力。

成人需要准备的

这个活动需要在较为安静的室内环境中完成。成人需要事先准备好适合儿童高度的桌子或茶几、两个小板凳、两幅较为简单的拼图(最好选择儿童熟悉并喜欢的图案,如米老鼠和唐老鸭等)。

开始玩吧!

- 成人将小板凳并排放在桌子旁边,将拼图框放置在自己面前的桌面上,并将打散的拼图卡片放在儿童的面前:"我们一起来拼米老鼠的拼图好吗?"

- 成人请儿童和自己并排坐下后,提示儿童将拼图卡片递到自己手中:"请你选一块拼图递给我好吗?"鼓励儿童从面前的所有拼图中随意挑出一块来递给自己。

- 等成人放好后再提示儿童逐次将其他拼图卡片递过来完成拼图:"这一块已经放好啦。请再递一块给我好吗?"注意要提示儿童等自己拼好后再把其他拼图递过来。如果儿童顺利地完成了指令将拼图递给成人,成人要及时地称赞儿童:

"太棒了！谢谢你！"

- 当第一幅拼图完成后，成人和儿童可以角色互换，完成第二幅拼图。

我们还可以这样玩！

- 当儿童熟悉了最基本的活动过程后，可以逐渐增加拼图的难度。
- 如果儿童的能力较好，可以让儿童来拼图，并加入语言的训练，让儿童请求成人帮忙递拼图给自己。

特别要注意的事情

- 在玩的过程中可以教儿童辨别各种颜色和形状，并鼓励他们说出这些颜色和形状的名称。
- 可以加入语言的训练，教儿童如何请求别人帮忙。
- 成人在活动过程中要用较为夸张的语调和动作吸引儿童一起参与，并及时地赞扬和鼓励儿童。

掌握了吗？

- 如果儿童能够投入游戏情境中，听从指令依次将拼图卡片递给成人，那么目标就达成了！

如何 发展自闭谱系障碍儿童的社会交往能力

10. 水果忍者（等待轮流）

我们为什么这样做？

现在电脑、iPad等电子产品越来越普及，很多儿童对它们也尤其感兴趣。通过和成人一起轮流玩水果忍者的游戏，一方面可以训练儿童的手眼协调能力和手部精细动作能力，另一方面，玩游戏过程中计时器的使用，也可以增强儿童的规则意识和等待轮流能力。

儿童需要准备的

儿童需要具备基本的手部精细动作能力、手眼协调能力以及语言理解能力。

成人需要准备的

成人需要事先准备好电脑或者iPad，下载好水果忍者游戏；准备好之前活动4中制作的"该我了"和"等待"的视觉提示卡片，以及一个计时器。

开始玩吧！

- 成人先向儿童解释要轮流玩电脑游戏的规则："今天我们一起来玩水果忍者好吗？但是我们要轮流来玩哦，每人五分钟，然后交换！"

- 将计时器放在桌面上儿童能够看得到的地方。成人先玩五分钟,并设定好计时器,等计时器响后再和儿童交换。如果儿童在等待上有困难,成人需要事先用简单的语言提示加以提醒:"要等到我玩完了才该你玩哦!"同时将"等待"卡片交到儿童手中,告诉他要耐心等计时器响了才轮到自己玩。
- 等计时器铃响后,成人就可以对儿童说:"现在该你玩了!"并把"该我了"的卡片放到儿童面前,重新设定计时器时间。
- 重复这一过程,进行两个回合,每人各玩十分钟后结束游戏。

我们还可以这样玩!

- 在游戏的选择上要考虑到儿童的喜好和能力水平,水果忍者只是个例子,可以灵活选择各种适合的游戏。
- 可以将活动中的成人替换成同伴,让儿童和同伴轮流玩游戏,成人在旁边指导和监督。

特别要注意的事情

- 一旦儿童已经熟悉轮换的过程,就可以逐步尝试脱离视觉图片提示和计时器,仅用语言来提醒儿童该轮换玩游戏了。
- 可以根据儿童的能力水平不同设定每次玩游戏的时间,不一定必须五分钟。
- 成人可以运用不同的方法呈现活动的停止时间。

掌握了吗?

- 如果儿童能够利用视觉提示卡片知道什么时候该安静等待,

如何 发展自闭谱系障碍儿童的社会交往能力

什么时候该自己玩了,并能和成人或同伴依次轮流玩游戏,那么目标就达成了!

11. 积木排排乐1(平行游戏)

我们为什么这样做?

乐高积木是非常普遍且深受儿童喜爱的玩具,特别是很多患有自闭谱系障碍的儿童特别喜欢将积木排成排或按照颜色、形状的不同进行分类等,会表现出一些刻板行为,玩法比较单一。如何利用积木,训练儿童的共同注意能力、轮流能力、精细动作能力以及对颜色和形状的辨别能力,是这一系列游戏的目标。

儿童需要准备的

儿童需具备基本的手部活动能力和听从指令的能力,以及能够认识和辨别不同的颜色和形状。

成人需要准备的

需要提前准备好一套乐高积木,这个活动需要在比较安静的环境中进行,可以在地板上由成人和儿童一起玩。

开始玩吧!

- 成人拿出积木盒子,吸引儿童的兴趣,并用活泼的语调询问儿童："宝宝想玩积木吗?"等待儿童的回应,如果儿童表现出跃跃欲试的模样或点头等动作,或者直接用语言回答,则将积木盒子递给儿童。

- 成人在儿童身旁,可以先由儿童自己独立进行一会儿游戏,观察儿童的玩法,并设法加入儿童的游戏中。例如,如果儿童将相同颜色的积木排在一起,成人可以从中拿走一块,并故意让儿童发现,吸引其注意力,看看儿童会作何反应。
- 成人可以拿过一些积木,建塔、搭桥等,用自己的玩法吸引儿童的注意,看其能否做出反应。
- 如果儿童对成人的玩法不感兴趣,那么成人可以试着模仿儿童的动作,吸引儿童的注意力,试图和儿童分享相同的体验。如果儿童对成人的动作有所反应,抬头看成人,这时要及时地和儿童进行眼神接触,并用语言来表述正在进行的活动:"宝宝怎么玩,我也怎么玩,你是小老师哦!"

我们还可以这样玩!

- 在游戏的选择上要考虑到儿童的喜好和能力水平,如果儿童不喜欢乐高积木,可以灵活选择其他的玩具,例如雪花片、蘑菇钉等。
- 可以将活动中的成人替换成同伴,让儿童和同伴轮流玩游戏,成人在旁边指导和监督。

特别要注意的事情

- 积木排排乐可以分级进行,阶段1的重点是要让儿童熟悉成人的陪伴,并引起儿童的兴趣和注意力。

掌握了吗?

- 如果儿童可以和成人一起坐在地板上,在愉悦的氛围中一起玩积木,并对成人的加入作出回应,那么目标就达成啦!

12. 积木排排乐 2(轮流合作)

我们为什么这样做?

在前一个游戏的基础上,由成人和儿童轮流选择积木并共同搭建高塔,训练儿童的共同注意能力、轮流能力、精细动作能力以及对颜色和形状的辨别能力,是这一活动的目标。

儿童需要准备的

儿童需要具备基本的手部活动能力和听从指令的能力,以及能够认识和辨别不同的颜色和形状。

成人需要准备的

需要提前准备好一套乐高积木和垫子,这个活动需要在比较安静的环境中进行,可以在地板上由成人和儿童一起玩。

开始玩吧！

- 成人和儿童一起坐在地板上，将积木摊开放在垫子上，并由成人和儿童一起从中挑选出自己喜欢的颜色。例如成人选择红色，而儿童喜欢绿色，分别将红色和绿色的积木挑选出来放在自己的面前。
- 成人可以故意动作慢一些，并请求儿童的帮助："啊，红色的积木好多啊！你可以帮我一起找出来递给我吗？"如果儿童回应了成人的请求并把红色的积木递给成人，那么要及时地感谢并称赞儿童做得好。
- 选择完自己喜欢的颜色后，成人可以提议和儿童一起用积木搭建一座高塔，并轮流向上插自己刚刚挑选出的颜色的积木。
- 可以使用视觉提示图片"该我了"和"等待"，让活动更具有结构性和预测性，轮流搭建，持续游戏直到两种颜色的积木用完为止。

我们还可以这样玩！

- 在游戏的选择上要考虑到儿童的喜好和能力水平，如果儿童不喜欢乐高积木，可以灵活选择其他玩具，例如雪花片、蘑菇钉等。
- 可以将活动中的成人替换成同伴，让儿童和同伴轮流玩游戏，成人在旁边指导和监督。

特别要注意的事情

- 积木排排乐这一阶段的重点是引起儿童的兴趣和注意力后，由成人和儿童共同轮流玩积木。

掌握了吗？

- 如果儿童可以和成人一起坐在地板上，在愉悦的氛围中依次轮流挑选出属于自己颜色的积木并能和成人轮流合作搭建高塔，那么目标就达成啦！

13. 积木排排乐 3（轮流合作）

我们为什么这样做？

这个活动可以训练儿童的共同注意能力、等待轮流能力、手部精细活动能力以及对颜色和形状的辨别能力。

儿童需要准备的

儿童需具备基本的活动能力和听从指令的能力。

成人需要准备的

需要提前准备好一套乐高积木以及圆形、方形、三角形、长方形卡片各两套。这个活动需要在比较安静的环境中进行，可以在地板上由成人和儿童一起玩。

开始玩吧！

- 从积木中挑出红色和绿色的积木各五六块，和儿童一起尝试搭一座塔。开始时成人拿起一块红色的积木，并对儿童说："你也放上一块红的。"如果儿童听从指令放上红的积木，成人要及时地表示鼓励，用夸张的语调欢呼着赞扬他："真棒！是红的！"如果儿童没有拿对，放上一块绿的，成人要重复提醒："要放上一块红色的积木。"

- 如果儿童还是没有拿对，很可能他还分不清"红"和"绿"两种颜色的概念。这时成人需要抓着儿童的手，帮他拿一块红色的积木往上搭，并告诉他说："这是红的。"然后可重复往上搭建，在这一过程中重复告诉儿童所用积木的颜色。

- 当儿童比较熟悉时便可撤出帮助，成人搭一块儿童搭一块地交替进行。在游戏中进行辨色，既锻炼了儿童等待轮流的能力，同时也锻炼了语言互动的交流能力。

- 当儿童对积木的颜色有了一定的辨别能力之后，可以进一步进行形状的辨别。事先准备好圆形、方形、三角形、长方形卡片各两套，成人和儿童的面前各放一套。成人可以任意出示一种图形放在儿童面前并说："找出和我一样的图形。"如果儿童找对了，成人要立刻给予鼓励："宝宝真棒！"然后再拿出不同形状的另一块，并说出与前面相同的话："找出和我一样的图形。"

- 如此反复,依次拿出圆形、方形、三角形、长方形相配,当都配对以后,可以将指导语改成"拿出圆形的""拿出方形的",以此类推。

我们还可以这样玩!

- 在游戏的选择上要考虑到儿童的喜好和能力水平,如果儿童不喜欢乐高积木,可以灵活选择其他的玩具,例如雪花片、蘑菇钉等。
- 可以将活动中的成人替换成同伴,让儿童和同伴轮流玩游戏,成人在旁边指导和监督。

🔔 特别要注意的事情

- 这个活动可以分级进行。开始时使用两种颜色的积木进行辨别,随着儿童参与程度的提高和理解能力的加深,可以逐渐增加其他颜色的积木。对于图形的辨别也是如此,要循序渐进,不要超出儿童的接受和理解范围。

掌握了吗?

- 看看儿童是否可以辨别出不同的颜色和形状,更重要的是能够和成人依次轮流,共同合作完成建塔的任务。

14. 开车过桥(轮流合作)

我们为什么这样做?

这个活动可以训练儿童的共同注意能力、等待轮流能力、手部精细活动能力、对颜色和形状的辨别能力以及想象能力。

儿童需要准备的

儿童需具备基本的活动能力和听从指令的能力。

成人需要准备的

需要提前准备好一套乐高积木和一辆玩具汽车。这个活动需要在比较安静的环境中进行,可以在地板上由成人和儿童一起玩。

开始玩吧!

- 在前两个活动的基础上,儿童应该已经基本掌握了用两种颜色的积木和成人依次轮流搭桥。
- 当儿童比较熟悉时便可撤出帮助,需要时也可以增加积木的颜色和数量,成人搭一块儿童搭一块地交替进行,一起为小汽车搭一座可以行驶的大桥。
- 桥搭好后,成人引导儿童想象玩具小车在桥上行驶的样子:"看!我们的桥搭好了,现在小汽车可以通过了!"成人示范将小汽车开过积木桥面,并发出汽车行驶时"呜呜"的声音,吸引儿童的注意。
- 让儿童模仿成人的动作,也让小汽车开上桥面。
- 将建造的大桥推倒,再增加积木的颜色和数量,建一座更长的大桥。

我们还可以这样玩!

- 在游戏的选择上要考虑到儿童的喜好和能力水平,可以灵活选择各种适合的玩具,如果儿童不喜欢小汽车过桥,也可以和他一起轮流搭建一座高塔,让玩具小人爬上塔顶等。
- 可以将活动中的成人替换成同伴,让儿童和同伴轮流玩游戏,成人在旁边予以指导和监督。

🔔 **特别要注意的事情**

- 随着儿童参与程度的提高和理解能力的加深,可以逐渐增加积木的颜色和数量;要循序渐进,不要超出儿童的接受和理解范围。

掌握了吗?

- 如果儿童可以和成人依次轮流共同合作完成搭桥的任务,并模仿成人将玩具小车开过桥面,那么目标就达成啦!

15. 泡泡小画家(轮流合作)

我们为什么这样做?

吹泡泡可以锻炼儿童呼吸控制的能力,同时不同颜色和图案的泡泡可以增强儿童辨别视觉刺激的能力。在和成人的互动过程中,分享共同的时间、空间和体验,有助于发展儿童的共同注意、等待轮流以及与他人合作的能力。

儿童需要准备的

儿童需要具备基本的活动能力,能够控制自己的呼吸来吹泡泡。

成人需要准备的

成人需要事先准备好一只碗、洗洁精、食用色素,以及吸管和一些白纸。如果不想自己制作泡泡水,也可以直接购买市场上的泡泡瓶或者泡泡枪等。

开始玩吧!

- 成人事先准备好泡泡水,在碗里装半碗水,加入适量的洗洁精以及食用色素(可以选择儿童喜欢的颜色)。在桌子上铺上塑料桌布,把碗放在桌子中央。

- 让儿童和成人一起坐在桌旁,距离上保证每个人凑近的时候都能用吸管够着碗。给儿童发一根吸管放在碗里,让儿童往水里吹泡泡。如果儿童不能理解语言指令,可以由成人先进行示范,并鼓励儿童模仿。

- 让儿童往水里吹泡泡,当水面出现一大堆彩色泡泡时,成人在泡泡上方放一张白纸,这些泡泡就会附在纸上,形成美丽的图案。

- 成人可以和儿童轮流吹泡泡,并分享愉悦的感觉。
- 在这一过程中成人应该予以儿童及时的鼓励:"宝宝吹泡泡真棒!让我们一起吹得更多,制造更多美丽的图案!"

我们还可以这样玩!

- 如果儿童用吸管吹泡泡有困难,那么可以用打蛋器取代吸管,来回挥动形成泡泡。
- 可以让儿童在印上泡泡图案的纸上画画或者涂鸦,创造属于他自己的独一无二的作品。
- 对于那些对吹泡泡不怎么感兴趣的儿童,成人可以请他帮忙把纸拿到吹起的泡泡上面,并观察结果,让他能够参与到活动中。

🔔 **特别要注意的事情**

- 为了防止儿童从吸管吸入泡泡水,可以在距吸管顶端三厘米左右的地方戳一些小洞,或者直接用泡泡棒或打蛋器来取代吸管。

掌握了吗?

- 如果儿童能够听从成人的指令,随心所欲地吹出很多泡泡并用白纸将泡泡印刻下来,享受合作的乐趣,那么目标就达成啦!

16. 吹泡泡（合作分享）

我们为什么这样做？

吹泡泡可以锻炼儿童呼吸控制的能力,同时不同颜色和图案的泡泡可以增强儿童辨别视觉刺激的能力。在和成人的互动过程中,分享共同的时间、空间和体验,有助于发展儿童的共同注意、等待轮流以及与他人合作的能力。

儿童需要准备的

能够控制自己的呼吸来吹泡泡。

成人需要准备的

需要事先准备好泡泡瓶子以及吹泡泡的棒子。也可以参照"泡泡小画家"用洗洁精和食用色素自制泡泡水。

开始玩吧！

- 成人拿起事先准备好的泡泡瓶子,将棒子放进瓶中拿出后吹起一串泡泡,观察儿童的反应。
- 如果儿童表现得很感兴趣,跃跃欲试,这时可以让儿童模仿成人的动作,也去吹泡泡。
- 当儿童吹起泡泡后,成人可以用夸张的表情和动作与儿童互动,用手去拍儿童吹起的泡泡。

- 可以利用视觉提示卡片或者语言提醒,和儿童分享泡泡水,轮流将棒子放入泡泡瓶子中,吹起泡泡后让儿童去戳破泡泡。

我们还可以这样玩!

- 成人可以舀出一些泡泡放在桌子上,轻轻地往最上面的泡泡里吹气,让儿童观察泡泡扩大的过程。
- 可以加入更多的成人或者同伴一起吹泡泡,共同分享乐趣。

🔔 特别要注意的事情

- 小心不要把泡泡水溅到眼睛里。
- 成人在活动中要时刻注意与儿童的眼神接触,并加入语言提示指导儿童该怎么做。

掌握了吗?

- 如果儿童能和成人轮流使用泡泡棒吹泡泡,并模仿成人去戳破对方的泡泡,那么目标就达成啦!

17. 开火车(合作分享)

我们为什么这样做?

开火车游戏需要儿童和成人一起合作搭建铁轨,并让玩具火车在铁轨上行驶。这一活动既可以锻炼儿童的动作协调能力，也可以促使儿童在和成人的互动过程中加深理解等待和轮流，分享共同的时间、空间和体验，有助于发展儿童的共同注意能力以及与他人合作分享的能力。

儿童需要准备的

儿童需要具备基本的手部运动能力、听从指令能力以及模仿能力。

成人需要准备的

需要事先准备好一套火车铁轨玩具。成人可以和儿童一起坐在地板上进行活动。

开始玩吧！

- 成人拿出盛有铁轨和火车玩具的大盒子，吸引儿童的注意力，并向儿童说明如何进行游戏："我们一起来搭建铁轨开火车，好吗？"观察儿童的反应。

- 成人先示范如何将铁轨连接起来，并让儿童进行尝试，提示儿童将轨道加以连接。如果儿童照着做了，要及时地鼓励儿童做得好："对，就是这样！真棒！"维持儿童的注意力和参与度。

- 慢慢增加轨道的数量，和儿童轮流添加轨道："我们每人加一块好吗?"

- 轨道建好后,成人和儿童一起拿一辆火车开始玩。成人先进行示范,让火车围着轨道绕一圈,鼓励儿童模仿成人开火车的动作。如果儿童不能执行指令,必要时成人可以提供肢体上的辅助。

- 依次轮流开火车,进行三至四个回合后结束游戏。

我们还可以这样玩!

- 可以播放关于火车的儿歌来搭配活动,并以音乐结束作为活动暂停的标志。

🔔 特别要注意的事情

- 成人在活动中要时刻注意与儿童的眼神接触,并加入语言提示指导儿童该怎么做。必要时可给予肢体上的辅助。

掌握了吗?

- 如果儿童能参与到游戏情境中,和成人一起合作搭建铁轨,并让玩具火车在铁轨上行驶一圈,那么目标就达成啦!

18. 快乐指指指(指点选择)

我们为什么这样做?

自闭谱系障碍儿童在社交中一个重要的缺陷就是无法用恰当

的方式表达自己的需求,而指点行为恰恰是表达自我需求时一项重要的基础能力。这个活动开始时让儿童在小的透明塑料袋里进行视觉搜寻,先学着在一个小的、有限的空间里搜索并指定自己想要的物品,紧接着在一个更大的范围内进行相同的搜索。除了视觉搜索,这一活动也可以教会儿童如何分辨相似或相近的物品并准确地用手指出自己想要的那一个,让他们学会区别目标信息和背景信息。

儿童需要准备的

儿童需要拥有基本的手部运动能力和正常的视觉能力。

成人需要准备的

这个活动需要事先准备好一个较大的透明塑料袋、一些儿童喜欢的小零食(如糖果、饼干等),以及一些儿童熟悉且常用的小物件(蜡笔、硬币、积木、钥匙等)。

开始玩吧!

- 成人先将零食都放在一个透明的塑料袋里,问儿童想要吃什么,并让儿童用手指指出他想要的东西。最开始时只指出其中两种食物,例如一袋饼干和一颗糖果。一旦儿童做出手指的动作,例如指向饼干,成人应立即强化这一动作的出现,并用语言进行鼓励:"宝宝指得真好,你想要饼干。给你!"对指点动作进行立即的言语反应是进行这个活动的关键。重复这一过程数次,直到儿童熟悉并完全掌握。

- 接下来可以进行更复杂的活动。增加透明塑料袋中零食的种类和数量,让儿童从多种物品中指出自己想要的东西。重复这一过程数次,直到儿童熟悉并完全掌握。

- 下一步将不同种类的物品放在同一个袋子里(其中包括儿童喜欢吃的零食)。要求儿童能够分辨出自己想要的东西并用手指出来,而不是简单地随机指向某个物品。

- 随着儿童逐渐体验到这个活动的乐趣,逐步扩大他所能搜索到的视觉空间,并增加可供选择的物品的种类和数量,让儿童进行分辨和选择。

我们还可以这样玩!

- 根据儿童的能力水平和掌握程度,可以增加选择的范围,并加入等待、轮流等技能,由成人和儿童依次指出自己想要的物品。

特别要注意的事情

- 如果儿童在指点动作方面有困难,成人可能需要先进行示范,并对他进行手把手的协助。观察儿童的目光指向,握住他的手指,并将它放在儿童可能想要的物品上面。

- 如果儿童发出了其他的选择信号,也应该及时地予以鼓励。

- 在最开始时一定要选择儿童最喜欢的食品或者物品作为目

标物，这样比较容易引起儿童的注意力和兴趣，有利于下一步活动的进行。

掌握了吗？

- 如果儿童能够在众多物品中分辨出自己想要的物品，并通过发出声音、眼神交流、指点动作等身体语言来引起成人的注意以获得物品，那么目标就达成了！

19. 指杯子游戏（指点选择）

我们为什么这样做？

不会使用语言的儿童，想要得到一些东西而又无法表达自己的需要是很常见的，这也直接导致了他们用一些错误的方式来引起别人的注意，如大声哭闹等。而用手指点是表达自己需求的第一步。用手指点是最早的交流技能之一，它比用眼睛注视更容易学会。这个游戏的基本理念是让手指变得有趣又有用。这个活动也是为了训练儿童的指点行为，但更重要的是让他们能够理解"指点"的含义。这对低年龄段的自闭谱系障碍儿童来说是一项很难的技能，需要不断地练习。在活动中儿童也可以学习对物体进行命名。

如何 发展自闭谱系障碍儿童的社会交往能力

儿童需要准备的

儿童需要具备正常的视觉能力和基本的手部运动能力,能够指向自己想要的物品。

成人需要准备的

这一活动需要在较为安静的环境中进行,成人事先准备好三个纸杯,以及一些儿童熟悉且常用的小物件(例如玩具小熊、蜡笔、硬币、积木、钥匙等)。

开始玩吧!

- 成人先将三个杯子口朝下放在桌子上。在儿童可见的视野范围内,把一个物体,例如一支蜡笔迅速地放在杯子下面扣住。

- 这时候成人问儿童:"蜡笔在哪里?它在这里吗?"(示范用手指第一个杯子)"还是在这里?"(指另外一个杯子)"还是在这里?"(指向第三个杯子)鼓励儿童指出正确的杯子。

- 三个杯子要放在儿童的双手可触及的范围之外,以防止儿童去抓物体。在儿童指向或尝试着去指向正确的杯子的那一刻,立即赞赏他做得好并将那个物品给他作为奖励。

- 如果儿童直接用手去抓杯子,而不是用手指出正确的杯子时,成人要忽略儿童的错误动作,假装不知道并故意拿起错误的杯子,再次要求儿童用手指的方式来尝试回答。

- 继续将其他的物品扣在杯子下面,重复这一指点的过程数次。

我们还可以这样玩!

- 如果儿童能力水平较差,可以仅用一个杯子来减少选择,降低难度以适应不同程度儿童的实际情况。
- 当儿童掌握了基本的指点能力后,可以在活动中使用更多的杯子来增加选择范围,提高游戏难度。
- 可以不用杯子,而是把一个物品或一些物品藏在房间里,让儿童去指出这些物品藏在哪里,在更大的空间里完成这个游戏。

🔔 **特别要注意的事情**

- 为了让儿童一直对游戏保持兴趣,可以根据对儿童的了解程度,把他最喜欢最想要的一件物品放在杯子下面吸引儿童的注意力。
- 为了让儿童非常清楚他所指的物品,放置杯子时相互之间要有一定的间隔距离,使儿童指向不同方向杯子的动作有所不同。

掌握了吗?

- 如果儿童能够正确地用手指出物品放在哪个杯子下面,那么目标就达成了!

20. 看！这是什么？（引起注意）

我们为什么这样做？

这个活动的目的在于发展儿童的共同注意能力、分享能力以及社交互动能力，通过让儿童模仿成人的动作，将玩具或其他物品指给成人看，让他学会如何恰当地引起别人的注意。

> **儿童需要准备的**
>
> 儿童需要具备正常的视觉能力和基本的运动能力，能够指向自己想要他人关注的物品。
>
> **成人需要准备的**
>
> 这一活动需要在较为安静的环境中进行，成人事先准备一些儿童感兴趣的玩具，如小汽车、洋娃娃、皮球等。

开始玩吧！

- 成人可以将一些儿童感兴趣的玩具放在桌子上，并用手一件件指给他看，例如小汽车，边指边用语言进行提示："看！这个是小汽车！""看！这是洋娃娃！"等等。
- 成人示范完毕后，让儿童模仿自己的行为，教他用同样的方式把桌子上的物品指给成人看。

- 当儿童将手指向桌上的玩具给其他人看时,成人应当立即称赞儿童的行为,并对这个玩具表现出极大的关心。

我们还可以这样玩!

- 成人可以带儿童到熟悉周围的环境,如指给他透过窗户能看见的东西,如:新开的花、汽车、自行车、树上的小鸟,等等。并让儿童将自己感兴趣的东西指给成人看。
- 这个活动不受空间的限制,可以在户外进行,吸引儿童认识周围的环境,并让他将自己感兴趣的东西介绍给成人。

🔔 特别要注意的事情

- 只要儿童出现相应的指点动作吸引成人的注意就可以了,不一定非要儿童说话才算达成目标。

掌握了吗?

- 如果儿童能够用手指、语言等恰当的方式把自己感兴趣的、想要别人看的东西指给别人看,吸引他人的注意,就算成功了!

21. 可以给我吗?(征得他人同意)

我们为什么这样做?

这个活动的目的在于训练儿童对物体的辨别能力、共同注意能力以及和成人的社交互动能力，让儿童能够区别自己和他人的私有物品，如果需要别人的东西要征得别人的同意后才可以拿取。

儿童需要准备的

儿童需要具备正常的视觉能力和运动能力，以及基本的语言理解能力。

成人需要准备的

这个活动最好在家里由父母一起陪儿童进行，需要事先准备好三个纸盒子，以及父母和儿童日常常用的物品若干，如妈妈的化妆盒、小钱包、发夹，爸爸的眼镜、钢笔，儿童的玩具小汽车，等等。

开始玩吧！

- 将三个盒子分别装上有明显特征的妈妈的物品、爸爸的物品、儿童的物品。例如，一个大盒子里放着妈妈的化妆盒、小钱包、发夹等；一个盒子里放着爸爸用的剃须刀、眼镜等；另一个大盒子则放着儿童的玩具小汽车、蜡笔等。
- 活动开始时成人先向儿童依次展示三个盒子和其中的物品，一边展示一边说："这是妈妈的化妆盒，这是妈妈的……""这是爸爸的剃须刀，这是爸爸的……""这是宝宝的小汽车，这是宝宝的……"

- 在给儿童展示完每件物品之后,就将它们分别放回到原来的盒子里,目的是让儿童懂得区别自己和父母的私有物品。
- 爸爸和妈妈可以先进行示范。例如,爸爸可以先对妈妈发出请求说:"妈妈,我可以拿你的发夹吗?"妈妈说"可以",并打开妈妈的盒子拿出发夹递给爸爸;如果妈妈说"不可以",那么就不能让爸爸拿妈妈的东西。
- 成人进行示范之后,可以问儿童:"宝宝想要什么呢?"鼓励儿童参与到游戏中来。如此反复数次。

我们还可以这样玩!

- 成人可以根据儿童的能力水平灵活地调整活动进程,如果儿童的情绪状态较好,可以故意拒绝儿童的要求,观察他的反应,增强抗挫能力。
- 如果儿童在没有达到要求时出现哭闹,成人要有耐心,坚持原则性,不能随意妥协,要适当地忽略儿童的不良行为。

🔔 **特别要注意的事情**

- 为了激发儿童参与这个活动的积极性,要确保放入盒子中的物品都是儿童在日常生活中喜欢或感兴趣的,因此要特别注意物品的挑选。
- 如果儿童的语言发展有问题,不能说出想要某样东西的请求,可以降低难度,让儿童指向自己想要的物品即可,但必须要得到成人许可后才可以得到物品。

如何 发展自闭谱系障碍儿童的社会交往能力

掌握了吗?

- 如果儿童能够区别出属于自己和他人的物品,并在想要拿到属于别人的物品时懂得用恰当的动作或语言表达自己的需求,那么目标就达成了!

22. 寻宝游戏(合作分享)

我们为什么这样做?

这个活动一方面可以增强儿童的共同注意能力,另一方面可以增强不同物体带来的触觉刺激或者降低触觉敏感性。在和成人一起游戏的过程中进行轮流、合作和分享。

儿童需要准备的

儿童需要具备基本的手部运动能力,一定的共同注意能力和回应合作能力。

成人需要准备的

成人事先准备一些大米或者其他颗粒微小并且干燥的材料,例如绿豆、红豆、玉米粒等。还需要准备两套玩沙子的小桶和小铲子。此外挑选一些儿童感兴趣的小玩具,例如,玩具小汽车、钥匙扣、糖果、梳子、乒乓球等。

开始玩吧！

- 在小桶里装满大米或者别的材料。
- 成人事先把小玩具、糖果等作为"宝藏"藏到大米里埋起来，藏的过程注意尽量不要让儿童看到，以增加他们的新奇感。
- 准备好后，成人将小铲子递给儿童，让儿童自己用手或者小铲子将大米铲到另外的小桶中，去寻找藏在其中的"宝藏"。这时成人可以用语言来提示儿童："试试看，你能挖到什么宝藏呢？"
- 接下来可以让儿童命名自己找到的物品，一旦他们说对了，成人应当及时给予他们口头上的称赞，例如："宝宝真棒！找到了一辆小汽车！"
- 轮流进行这个游戏，成人和儿童可以交换藏和找的顺序。

我们还可以这样玩！

- 随着儿童对这个游戏越来越熟悉也越来越感兴趣，可以试着使用其他材料，比如沙子，让他能够适应接触更多的材质。
- 如果儿童不能完全理解成人的语言指令，成人可以先进行示范，从米堆中挖出"宝藏"，并用夸张的声音和动作吸引儿童的注意，并辅助儿童模仿自己的动作去寻找宝藏。

🔔 **特别要注意的事情**

- 对于那些触觉敏感或者不愿意触觉接触的儿童，为了让他用手去接触不熟悉的物品，可以挑选他特别感兴趣的玩具，让他看到玩具被藏起来的过程,激发他的动机,让他乐意去米堆中找到那个玩具。

掌握了吗?

- 如果儿童能够靠自己的力量从米堆中找出"宝藏",并对它们进行命名,那么目标就达成了!

23. 人体三明治(合作分享)

我们为什么这样做?

这个活动可以训练儿童遵从指令的能力、模仿能力、适应能力、图案匹配能力、假装游戏能力以及提高对他人存在的意识。通过和成人拥抱,不仅能刺激儿童的本体感觉,提高对身体亲密接触的容忍度,并且能让儿童感受到拥抱的乐趣。

儿童需要准备的

儿童需要具备基本的运动能力,以及遵从指令和模仿的能力。

成人需要准备的

成人可以事先选择一些图片,包括三明治图片、吃三明治的男孩的图片、不同类型的三明治图片(如火腿三明治、奶酪三明治、生菜三明治等);可以事先邀请两三名同伴一起参与活动。

| 第三部分 | 让我们一起来促进儿童社会交往能力的发展

> 活动需要在比较安静的室内环境中进行,在地板上贴上胶带或者脚印贴纸。

开始玩吧!

- 先让儿童与成人一起站成一个圆圈,然后告诉儿童:"现在我们要一起做一个大大的三明治!"指定两个儿童当面包,另外一些儿童当三明治的填充物,成人扮演吃三明治的人。

- 由成人指定让假装面包的一个儿童站在圆圈的中间,然后问周围的儿童:"我们应该把什么放在这个三明治里面呢?"如果刚开始时儿童没有给予答案,成人可以提出一些建议,比如说:"让我们加入一些奶酪吧!"然后指定一个儿童当奶酪,并让他站到当面包的儿童的前面。

- 游戏过程中依次选择儿童假扮三明治的内容物,比如火腿、奶酪、西红柿、生菜等,每次让新命名的儿童站到前一个命名的儿童的前面,直到没有任何其他的填充物之后,再在最前面加上假装成另一片面包的儿童。

- 在游戏中,儿童可能会说出一些一般情况下不会放入三明治中的食物,如大米、巧克力等,碰到这种情况,不管他们说什么食物,都不要管是否能放入三明治中,直接指定儿童放入三明治即可。

- 做好三明治之后，成人作势轻轻地将三明治所有内容物（靠在一起的儿童）挤压在一起，并且大声宣布："让我们开始吧！"这时，成人开始假装吃三明治，张开嘴巴，发出夸张的咀嚼声。吃完之后就可以重新开始做一个新的三明治。

- 因为三明治中所有的内容物都是被紧压在一起的，所以该游戏能带给自闭症儿童所渴望的本体感觉的反馈，比如以一种没有威胁并且不至于引起人们奇异目光的方式与其他人进行身体上的亲密接触。除了尝试用一种有趣的方式和其他人轮流游戏外，儿童还运用了假装这一重要的能力。这种假装游戏强化了他们作为团体的一部分的认知。

- 因为这个游戏对许多儿童来说是一次很新奇的经历，有些儿童可能会因为太兴奋而不能安静地站在队伍中当三明治的一部分，所以这也是调整这类儿童兴奋反应的一个机会。

- 该游戏也可以作为一次烹饪课，教儿童怎么去做美味的三明治。

我们还可以这样玩！

- 对一些需要视觉输入的儿童，出示三明治及三明治内容物的图片、在地板上粘贴脚印或者直线都能提醒他们在被指定为内容物后应该站的地方。也可以将三明治内容物的图片放置在地板上，以便于被指定为某一内容物的儿童知道自己假装的对象是什么及应该站在什么地方。

- 在问儿童"我们还应该放入什么食物"的时候,可以给儿童提供一些图片作为视觉提示,让他们选择想要的食物。
- 对一些触觉过度敏感的儿童,可以让他们假装面包,这样他们只有一面身体是接触其他儿童的,或者让他们当挤压三明治的人,再或者让他们当吃三明治的人。而对于需要更多触觉刺激的儿童,可以假装涂抹果酱来拍一拍儿童的背,以增加对他们的感觉刺激,让他们能一直保持兴趣待在原处。
- 对于一直没有被点到名字的儿童,可以通过一些活动,来使其保持兴趣一直站在队伍中,比如给他们看食物图片,或者让一个成人抱着他,并不时地跟他讲解现在他所看到的情形,如"现在XX假装是三明治里面的一片奶酪"。

🔔 特别要注意的事情

- 在活动中要特别注意对触觉敏感儿童的处置,他们可能会觉得不舒服而哭闹,甚至拒绝参加游戏,所以需要事先对每个儿童独特的生理特点和感知觉反应有所了解。

掌握了吗?

- 如果自闭谱系障碍儿童能够积极地参与到游戏中来,并且和成人一起与其他同伴共同合作,体验制作人体三明治的乐趣,那么目标就达成了!

24. 海上行船（求助合作）

我们为什么这样做？

这个活动的目标是训练儿童在社会情境中的问题解决能力，提高他们的轮流合作能力，能够理解简单的规则。他们应该怎么移动纸盒？儿童可能提出独创的解决方法，或者从成人提供的解决方法中学会解决问题。

儿童需要准备的

儿童需要具备基本的运动技能，保持身体平衡的能力，以及轮流合作能力。

成人需要准备的

成人需要事先准备好一个能够容纳一名儿童待在里面的大硬纸板盒，例如，装电视机的纸壳盒子等。

开始玩吧！

- 将打开的纸盒放在干净的地板上，假装地板是大海，而纸盒是在海上行驶的船只。
- 可以先由两名成人对游戏进行示范。一名成人坐到盒子里面，假装自己正坐在行驶的船里，但是船出了故障不能前进了,这时需要向另一名成人求助:"我不能前进了,你可以帮我推一下船吗?"这时另一名成人回答:"好的。"并且用力推动纸盒,沿着屋子四周快速移动。坐在盒子里的成人表现出夸张的兴高采烈的样子,吸引儿童的注意。

- 换儿童坐到盒子里,告诉他可以请求成人的帮助移动纸盒前进:"宝宝可以请我帮忙哦!"如果儿童用语言或者动作表现出想要成人帮忙的意图,要及时地用语言提示他:"宝宝是想让我帮忙推船吗?"等到儿童做出回应后再去帮忙推。
- 盒子容易推动与否,取决于盒中儿童的重量,而且拉动纸盒可能更加容易一些。成人可以说:"哎呀,船好重啊,这太难推动了,我们一起想办法推动它好吗?"鼓励儿童和自己一起想办法解决问题,尝试推或拉这两种方式,找出最好的方法。

我们还可以这样玩!

- 对于一些理解语言和指令有困难的儿童来说,只是坐在盒子里或者从盒子里进去、出来也是一种锻炼活动。
- 可以假装纸盒是一辆正被拖走的汽车或者行驶的火车。
- 有些儿童可能更喜欢将盒子翻过来躲在里面。这时成人可以灵活处理,将游戏改成捉迷藏,假装不知道儿童藏在哪里,用夸张的语调和动作与儿童游戏,然后慢慢地将他们找出来。

特别要注意的事情

- 在纸盒移动的过程中要注意安全,避免儿童擦伤或跌落。

掌握了吗?

- 如果儿童能够理解和听从指令,用语言或动作尝试向成人求助移动纸盒,那么目标就达成了!

25. 谁在盒子里?(客体永久性)

我们为什么这样做?

这个活动的目的是要让儿童能够意识到游戏中他人的存在,知道自己和其他人的名字不一样,当听到自己的名字时能够及时应答,听到他人的名字时能够知道代表的是谁。通过游戏增强儿童的客体永久性,并享受新奇的感觉。

儿童需要准备的

儿童需要具备基本的运动能力、平衡能力和对简单指令的理解能力;能够意识到他人的存在并关注周围环境的变化。

成人需要准备的

成人需要事先准备好一个可以容纳下一个成人藏在里面的纸壳箱子,例如装电视机的那种大盒子。在较为安静的环境中和儿童进行游戏,可以加入其他成人和同伴(两至三位为宜)一起游戏。

开始玩吧!

- 成人把一个大的空盒子放在儿童的视线范围内,然后让一个成人或同伴进行示范。让一个成人藏进盒子里并让他蹲下,再把盒子的盖子盖上。
- 成人和其他儿童一起围着盒子,在成人的带领下诵读:"盒子里面是谁?盒子里面是谁?快点敲敲门,看看盒子里面是谁?"
- 让儿童们敲敲盒子说"敲敲门"。当说完最后一句"盒子里面是谁?"之后,打开顶盖,盒子里的成人跳起来,大家一起说出他的名字:"原来是XX!"
- 熟悉了这个过程之后,可以让儿童和成人轮流藏进盒子里,剩下的人敲敲门并说出他的名字。
- 这个游戏可以让儿童体会到进入一个新的空间或环境的新奇感觉。同时,儿童也需要知道他看不到一个人时,这个人仍旧是存在的。这种客体永久性意识可以帮助他们更好地习惯白天与父母分离的状态。
- 因为这个游戏要轮流进行,儿童还必须学会等待,并且学会轮流这个概念。

- 由于每个人都得大声叫出藏在盒子里的人的名字,这个游戏可以让被叫到名字的儿童感受到他们被关注时的喜悦。

我们还可以这样玩!

- 可以在盒子里一次进入多个儿童,增加游戏的难度。
- 除了把儿童从顶盖放下去,还可以在盒子的侧边开个小门,进行同样的游戏。
- 成人可以轻轻摇晃盒子,给藏在里面的儿童增加额外的感官刺激。
- 可以在盒子上开个大洞,让儿童可以伸出胳膊,和盒子外面的伙伴有所交流。

特别要注意的事情

- 如果有些儿童害怕进入封闭的盒子里,那么在游戏开始前可以把盒子放在他身边,让他先探索看看,以获得熟悉感,减轻焦虑。
- 如果儿童缺乏耐心等待轮到他进行游戏,那么可以试试一次让两个儿童藏在盒子里,加快游戏进程。
- 如果儿童害怕待在盒子里,当轮到儿童藏在盒子里时完全可以简化一下游戏,关闭盒子顶盖几秒钟后马上打开。可以循序渐进,慢慢提升儿童对游戏的耐受度,之后再进行时间较长的游戏。

掌握了吗?

- 通过这个游戏,如果儿童能够更好地理解客体永久性,知道物体或人物暂时不在眼前时仍然是存在的,在和父母等亲近的人分离时不会产生很严重的焦虑,那么目标就达成了。

26. 我在这里呢(社交回应)

我们为什么这样做?

自闭谱系障碍儿童对自己和他人的名字往往不敏感,很难在别人叫自己的名字时立即作出恰当的回应,也很少主动和别人打招呼或欢迎他人。这个活动可以练习儿童的社交回应技能,增强他们辨别自己和他人姓名的能力,提高其社交回应能力并发展恰当的语言能力。

> **儿童需要准备的**
>
> 儿童需要具备一定的语言理解能力、听从指令的能力、共同注意能力和眼神交流能力,以及图片匹配能力。
>
> **成人需要准备的**
>
> 这个活动需要在比较安静的环境中进行,以减少额外的视觉和听觉刺激对儿童造成感官上的混乱。成人需要事先准备好

如何 发展自闭谱系障碍儿童的社会交往能力

> 一个可以容纳下一个成人藏在里面的纸壳箱子,例如装电视机的那种大盒子;还需要准备一本儿童熟悉的彩页插图书和一些毛绒玩具等。最好邀请其他成人和同伴一起游戏。

开始玩吧!

- 将大盒子固定在房间的一个角落里。正式游戏之前要由两个成人先做示范,然后让成人和儿童轮流进行游戏。

- 一名成人 A 先躲在盒子里面,注意不要让儿童发现。让儿童进入房间,至少有一名成人 B 与儿童一起面对窗帘或者盒子坐下。

- 成人 B 先示范叫出躲在盒子里的成人 A 的名字,注意声调要尽量活泼夸张,富有趣味性,以吸引儿童的关注:"A,你在哪里啊?"这时,事前躲起来的成人 A 从盒子里站出来并且回答:"我在这里呢!"成人 B 鼓掌并且微笑着跟他问好:"你好,A!"

- 然后换儿童藏进盒子里,在听到别人叫自己的名字时,做出语言或者动作上的回应。

- 如果儿童不明白如何玩这个游戏,当轮到儿童藏起来的时候需要有一名成人在旁边辅助他。成人需要很夸张地表现出自己在听别人的呼叫,例如转头、把手放到耳朵后面并做出在认真听的表情等。成人同样可以说："听,那是你的名字,他们在叫你呢,快点过去吧!"然后督促儿童对他人的呼唤做出反应。

- 当某人出现时,可以试着教儿童说"你好"跟他打招呼。当他们听到"你在哪里?"这句话时,他们就会期待某个人出现。当他们想要寻找某人时,他们也会模仿成人,学着使用这句话。

我们还可以这样玩!

- 如果找不到其他同伴一起参与游戏,也可以用玩偶来代替,将假装游戏也融入这个活动中。成人先将小兔子玩偶藏在盒子里面,然后问:"小兔子,你在哪里啊?"然后边把玩偶拿出来边假装小兔子进行回答:"我在这里呢!"提示儿童跟它打招呼说:"你好!"

- 也使用带有卡通动物图片的彩绘读本,并且叫动物的名字,"北极熊,你在哪里啊?"翻开书找到北极熊那一页,跟北极熊打招呼或者用手指那张图片。然后换儿童自己在书中找到相应的图片。

特别要注意的事情

- 要留意自闭谱系障碍儿童是否对声音特别敏感。如果他们对突然的呼叫有不良的反应,那么这时要注意不要鼓掌,而是使用其他静态的手势语表示欢呼,例如晃动手指等。

- 对于注意力容易转移的儿童,可以让藏起来的那个人舞动着出现，用一些夸张的动作或者表情等来吸引儿童的注意力。
- 当儿童出现时让参与游戏的其他成员给予他一阵鼓励的喝彩，这样能让儿童感到别人是关注、欣赏和爱自己的。

掌握了吗？

- 如果儿童能够在听到别人叫自己名字时做出反应，用语言或动作给予应答，那么目标就达成了。如果儿童能够学会用"你好"打招呼，那就更好了！

27. 探索新环境（环境适应）

我们为什么这样做？

自闭谱系障碍儿童往往会表现出对陌生环境的恐惧，到了一个新的环境中不能迅速适应，出现哭闹、大喊大叫等过激行为，严重影响到和他人的社交互动。通过这个活动可以帮助儿童逐渐适应新的环境，安抚其情绪，使其在良好的情绪状态下和他人进行互动。

儿童需要准备的

儿童需要具备初步的社交互动能力、听从指令能力、共同注意能力和眼神交流能力。成人和儿童一起分享共同的时间、空间和体验，共同获得新鲜的体验。

> **成人需要准备的**
>
> 这个活动可以在儿童经常可能接触的各种环境中进行。成人可以事先准备一些儿童喜欢的零食或玩具等,以防儿童出现哭闹等行为时及时给予他们安抚。

开始玩吧!

- 成人可以把儿童带到一个相对陌生的房间里(例如家里的客房),先陪儿童在房间里熟悉一下情况,然后陪伴他一会儿后借故离开,并对儿童澄清情况:"宝宝,妈妈/爸爸要暂时离开一会儿,去外面拿点东西,过一会儿就回来。你自己玩好吗?"之后离开房间。注意在门外悄悄观察儿童的反应。
- 五分钟后,成人回到房间里,如果儿童自己一个人玩得很好,没有出现情绪波动,并对成人的归来感到高兴,那么成人就应该及时地给予儿童鼓励,用夸张的动作拥抱儿童,并赞扬他:"宝宝真棒!"
- 如果儿童对成人的离开表现得很焦虑,要及时地予以儿童温柔的安抚,让他感受到充足的安全感。
- 可以逐渐增加成人离开的时间,观察儿童是否能够安静地等待并对成人的归来表示欢迎。

我们还可以这样玩！

- 对环境的适应应该从儿童最常去的地方开始,慢慢地扩展范围。成人可以在带儿童去别人家拜访时,先让儿童熟悉周围的环境,并告诉他什么地方是做什么的,例如:"这是洗澡间;这是厕所;这里是客厅,在这儿吃饭;在这儿游戏"等,增加儿童对新环境的了解程度。

- 可以带儿童到庭院或住所附近走走,熟悉一下周围的景物,并用生动的语言告诉儿童这些景物有什么特色。

🔔 **特别要注意的事情**

- 成人在离开房间之前,需要说明自己大概要离开多久,什么时候会回来,让儿童心里有一个预期。

- 一旦儿童出现大的情绪波动,成人要及时给予抚慰,不能操之过急。

掌握了吗？

- 当成人不在一旁时,儿童可能有短暂哭闹,但仍能自己玩;在一个不熟悉的陌生环境中,能够积极探索自己周围的环境,那么目标就达成了!

28. 远离危险物（环境适应）

我们为什么这样做？

自闭谱系障碍儿童除了不能迅速地适应陌生环境外，对日常生活中潜伏的各种危险也不太敏感，在没有成人监护的情况下很容易出现意外。这个活动的目标是通过训练，让儿童一看见危险事物，就缩回手来，并说"不可以"，远离日常生活中可能会发生危险的场所和事物，提高安全防范意识。

儿童需要准备的

儿童需要具备基本的听从指令能力、共同注意能力和语言理解能力。

成人需要准备的

成人需要对儿童进行细致的观察，并准备一些表示禁止的贴纸，贴在儿童容易碰触到的危险物品上，进行视觉提示。

开始玩吧！

- 在禁止儿童靠近的地方，放置某种警示标识，让他只要见到这种标识就知道不能用手去摸。在家庭环境中，厨房往往是危险的高发地点，例如，厨房里放刀具的地方。成人可以在与儿童眼睛同样的高度,在墙上贴上一个红色大圆圈或一张发怒的脸,并告诉儿童这是不能靠近的,大声地说:"不可以靠近。"让儿童也尝试说:"不可以。"

- 每当发现儿童靠近这些危险的事物或地点时,成人要大声说:"不可以。"并做出痛苦的表情,或者双手打叉的手势,示意儿童离开。

我们还可以这样玩!

- 对于语言理解能力比较好的儿童,除了用视觉提示和语言动作提示外,还可以根据儿童的具体情况编写社会故事,让儿童记住哪些地方是不能去的,哪些东西是不能乱碰的,要及时远离。

特别要注意的事情

- 有些儿童的语言理解能力可能比较差,成人可以用痛苦的表情和动作等加以示意,让儿童确切了解"不可以"的含义。

掌握了吗?

- 如果儿童一看见危险的事物或标志,就说"不可以"。并知道不能靠近,那么我们的目标就达成了!

29. 听从指令1（一步指令）

我们为什么这样做？

这个活动可以训练儿童听从指令的能力，能听从一个步骤的指令，模仿成人做出动作，并能说出所做动作的名称。可以锻炼儿童的语言理解能力、模仿能力、听从指令能力以及遵守社会规则的能力。

> **儿童需要准备的**
>
> 儿童需要具备基本的共同注意能力和语言理解能力。
>
> **成人需要准备的**
>
> 这个活动不需要什么特别的器材，只需要成人在相对安静的环境中和儿童进行互动即可，用较为夸张的语调和动作吸引儿童的注意力。

开始玩吧！

- 成人和儿童面对面坐下，在儿童轻松、愉悦的情绪状态下，成人同时用口语和肢体语言做出一个简单的动作，如拍拍手、跺跺脚等。
- 完成动作后，请儿童模仿自己的动作，并说："请你跟我做，该你了。"如果儿童没有及时模仿成人的动作，那么可以再次重复刚才的动作,并协助儿童做出这个动作。

- 成人只用口语要求儿童完成一个简单动作,例如站起来、拍手等。如果儿童没能完成成人发出的动作指令,那么成人可以协助儿童做出该动作。

- 成人让儿童练习一个步骤的指令,例如成人可以要求儿童:"把积木收起来。"如果儿童无法跟随指令完成动作,成人需要将指令分解成若干动作,并进行示范。等儿童完成第一个动作后,再继续下一步。例如成人先说"把积木",等儿童的注意力转移到积木上后,再说"收起来"。

我们还可以这样玩!

- 完成一步指令是最基础的。听从指令的训练可以先从父母开始,再逐步扩展到爷爷、奶奶、老师等其他熟悉的成人。

🔔 特别要注意的事情

- 让儿童做什么事情,所用的指令话语一定要简单明了。不要让他一次做两件以上事情,太复杂的话语对他们来说理解起来会有困难。

- 在结束正在进行的活动之前,例如,在要求儿童把积木收起来前,要告诉儿童"这个不要再玩了",并给他一定的时间让他完成正在进行的活动。

- 如果遭到儿童的拒绝,要用温和而坚定的口吻对他说,如:"宝宝,请把积木收起来",而不要用询问的口吻说,如:"宝宝,想不想把积木收起来啊?"
- 如果儿童听从了成人的要求,要及时表扬他,如鼓励、亲吻或拥抱等,让儿童知道自己的行为是会得到成人的赞许的。

掌握了吗?
- 如果儿童能够完成成人发出的一步指令,按照成人的要求做出相应的动作,那么我们的目标就达成了!

30. 听从指令 2(两步指令)

我们为什么这样做?

这个活动可以训练儿童听从指令的能力,能听从两个步骤的指令,观察并模仿成人做出动作,并能说出所做动作的名称。可以锻炼儿童的语言理解能力、模仿能力、听从指令能力以及遵守社会规则的能力。

儿童需要准备的

儿童需要具备基本的共同注意能力和语言理解能力。

成人需要准备的

这个活动需要成人准备好一套卡通动物卡片,在相对安静的环境中和儿童进行互动,用较为夸张的语调和动作吸引儿童的注意力。

开始玩吧!

- 在儿童能够完成一步指令的基础上,成人可以逐渐增加指令的复杂性,设立动作的先后顺序,要求儿童听从指令完成一个动作,再执行另一个动作。例如,成人可以说:"请把卡通图片打开,找出小兔子来。"
- 如果儿童不能理解并完成指令,成人可以予以协助,示范给儿童看该如何做,并让儿童模仿。
- 等到儿童可以独立完成动作后,成人问儿童:"你刚才做了什么事?"期待儿童的反应。如果儿童不能回答,成人可以做出示范进行回答:"你打开了卡通图片,找出了小兔子。"
- 多次重复这一过程,让儿童找出其他动物的图片。

我们还可以这样玩!

- 也可以让儿童和成人轮流找图片,锻炼儿童的轮流等待能力。
- 可以用其他儿童熟悉并感兴趣的东西代替卡通图片进行训练,例如积木、洋娃娃等。
- 听从指令的训练可以先从父母开始,再逐步扩展到爷爷、奶奶、老师等其他熟悉的成人。

🔔 **特别要注意的事情**

- 让儿童做什么事情,所用的指令话语一定要简单明了。对于功能较差的儿童,如果完成两步指令有困难,可以退回到一步指令的训练上,循序渐进,不要一开始就给儿童过于复杂的要求,尽量把步骤分解得越细越好。

- 如果儿童听从了成人的要求,要及时表扬他,如鼓励、亲吻或拥抱等,让儿童知道自己的行为是会得到成人的赞许的。

掌握了吗?

- 如果儿童能够完成成人发出的两步指令,按照成人的要求做出相应的动作,那么我们的目标就达成了!

31. 听从指令 3(三步指令)

我们为什么这样做?

这个活动可以训练儿童听从指令的能力,能听从三个步骤的指令,观察并模仿成人做出动作,并能说出所做动作的名称。能不经提醒,去观察模仿成人或同伴的行为,并说出其他人在做什么。可以锻炼儿童的语言理解能力、模仿能力、听从指令能力以及遵守社会规则的能力。

儿童需要准备的

儿童需要具备基本的共同注意能力、语言理解能力和动作模仿能力。

如何 发展自闭谱系障碍儿童的社会交往能力

> **成人需要准备的**
>
> 这个活动需要成人准备好一套卡通动物卡片或一套积木，在相对安静的环境中和儿童进行互动，用较为夸张的语调和动作吸引儿童的注意力。

开始玩吧!

- 在儿童熟练并掌握了两个步骤的指令后，再增加到三个步骤的连续指令，例如："请把卡通图片打开，找出小兔子来，把它放到我手里"或者"请把积木盒子打开，找出红色的积木，用它们搭一座桥"等。

- 如果儿童无法听从连续的三步指令完成动作，成人先做出示范，让儿童在一旁观察模仿。可以将一连串的指令分解开，让儿童一步步地完成，熟悉之后再次尝试说出一个连续的指令，让儿童一次性完成。

- 等待儿童完成指令后，成人可以问他："你刚才做了什么？"请儿童用语言复述自己的动作。如果儿童不能回答，成人可以做出示范进行回答："你打开了卡通图片，找出了小兔子，把它放到了我手里。"

- 多次训练后，可以根据儿童的能力和掌握程度，要求儿童完成更复杂的指令。

我们还可以这样玩！

- 可以让儿童和成人轮流找图片，锻炼儿童的轮流等待能力。
- 可以用其他儿童熟悉并感兴趣的东西代替卡通图片进行训练，例如，积木、洋娃娃等。
- 听从指令的训练可以先从父母开始，再逐步扩展到爷爷、奶奶、老师等其他熟悉的成人。

🔔 特别要注意的事情

- 让儿童做什么事情，所用的指令话语一定要简单明了，不要有歧义。
- 如果儿童听从了成人的要求，要及时表扬他，如鼓励、亲吻或拥抱等，让儿童知道自己的行为是会得到成人的赞许的。

掌握了吗？

- 如果儿童能够完成成人发出的三步指令，按照成人的要求做出相应的动作，并能复述自己的动作，那么我们的目标就达成了！

32. 叫我的名字（社交回应）

我们为什么这样做？

这个活动可以训练儿童的眼神交流和共同注意能力。自闭谱系障碍儿童在听到别人叫自己的名字时常常表现得无动于衷,不能做出恰当的应答,成为进一步社交的障碍。这个活动通过训练能够让儿童认识自己,使儿童学会当听到有人叫自己的名字时,会回头注视呼唤他的人。

儿童需要准备的

儿童需要具备基本的语言理解能力和听从指令的能力。

成人需要准备的

这个活动没有严格的时间或环境限制,成人可以随时随地和儿童进行互动。刚开始时可以在室内进行,准备一面镜子,以及一些儿童喜欢的小零食作为奖励物品。

开始玩吧!

- 成人和儿童一起坐在地板上,成人可以大声地呼叫儿童的名字,如果他回头看你,或做出其他回应,便立即奖励他,冲着他微笑,表现出高兴的样子;如果他没有反应,成人需要主动进入他的视线范围,直视并努力吸引他的目光,同时呼唤他的名字以引起他的注意。
- 与儿童接近的范围可依其具体情况来调整。如果很难得到儿童的回应,成人可以与其面对面坐着,用双手扶着儿童头的两侧,让两人目光相对。用自己的力量来辅助儿童头部转动,同时叫他的名字,一旦他有所回应,便立即进行奖励。

- 当儿童开始有反应以后,逐渐增加成人和儿童之间的距离,并反复练习。
- 当儿童对自己的名字能做出回应,如回头或用眼光注视你以后,可以给他一面镜子,让他观察镜子里面的自己。这时成人需要指着镜子里面的他,同时说出他的名字;还可以带他到穿衣镜前,指给他在镜子中的模样,让他走到镜子前摸一摸"自己",或者在镜子前做出一些动作,这样他会看到自己怎么动,镜子里的人就怎么动,从而提高对自己的觉察识别能力。
- 这样的活动每天可以重复多次。

我们还可以这样玩!

- 在儿童对成人的呼唤有所反应的基础上,可以由成人进一步进行示范和说明,告诉儿童当听到别人叫自己时,要看着对方的眼睛,微笑回应,并问对方:"什么事?"
- 当儿童能够对自己的存在和名字有所认识后,可以配合用他的照片以及他和家人的照片教他指出自己,或指出别人。

🔔 特别要注意的事情

- 对儿童发出的指令话语一定要简单明了,不要有歧义。
- 如果儿童对成人的呼唤做出了回应,要及时表扬他,如微笑、亲吻或拥抱等,让儿童知道自己的行为是会得到成人的赞许的。

掌握了吗？

- 经过反复的训练后，如果儿童在听到他人叫自己的名字时能够用声音、微笑、眼神等做出亲社会的反应，那么目标就达成了！

33. 镜中自我（自我意识）

我们为什么这样做？

这个活动可以让儿童习惯被别人注视，通过认识镜子里的自己，体会看到一个人影子的感觉；认识并且欣赏自己在镜子中的倒影，知道自己是独一无二的存在，增强儿童的自我意识。

儿童需要准备的

儿童需要具备基本的共同注意能力和视觉能力。

成人需要准备的

成人需要事先准备两面镜子和两条围巾。

开始玩吧！

- 成人和儿童一起坐在地板上，每个人面前放一面镜子，事先用围巾盖住镜子。
- 成人用夸张的语气询问儿童："快看看，这是谁？"边说边翻开儿童面前镜子上的围巾,并说出儿童的名字:"这是XX!我们都喜欢他!"

- 观察儿童的反应,如果儿童表现得感兴趣并看向镜子里的自己,那么再接着进行下一步,让儿童开始认真审视镜子里自己的脸,以及成人的脸,让他学会在生活中发现每个人的区别。这一过程中成人可以适时地进行语言提示和讲解,例如:"看,这是宝宝的鼻子,这是妈妈的鼻子,有什么不一样呢?"
- 对于那些不喜欢与他人有眼神接触的儿童,看着镜子里的自己会比较容易。看着自己的眼睛可以帮助儿童习惯眼神接触。

我们还可以这样玩!

- 可以先不借助镜子,直接用围巾盖住儿童的头,之后掀开儿童头上的围巾,再由成人和儿童一起观察镜子里儿童的脸。
- 如果儿童的能力水平较高,可以进一步要求儿童和成人轮流说出对方的一个脸部特征。
- 可以邀请同伴加入游戏,也可以用玩偶代替同伴来进行指认游戏。

特别要注意的事情

- 对于注意力有障碍的儿童,需要让他足够靠近镜子,来吸引他的注意力。

如何 发展自闭谱系障碍儿童的社会交往能力

掌握了吗?

- 如果儿童能够认识并且欣赏自己在镜中的影子,并且逐渐习惯被别人注视,那么我们的目标就达成了!

34. 说出我的名字(记得并说出自己的名字)

我们为什么这样做?

这个活动的目的在于训练儿童听到别人叫自己的名字时,能把头及时地转向声源并作出恰当的回应;而当别人问自己叫什么名字时,能说出自己的姓名。

> **儿童需要准备的**
>
> 儿童需要具备基本的共同注意能力、语言理解能力以及听从指令能力。
>
> **成人需要准备的**
>
> 这个活动不需要特定的材料,只需在较为安静的环境中由成人和儿童进行互动即可。

开始玩吧!

- 成人和儿童在地板上面对面坐下,成人呼唤儿童的名字,看儿童是否有反应。

- 如果儿童没有反应,成人需要用手协助他,使儿童的脸面向自己,和儿童进行眼神接触,让他意识到成人的存在,然后再叫他的名字。

- 如果儿童有所反应,例如,抬起头看向成人,或者微笑等,则应及时给予鼓励,夸奖他做得好。

- 当儿童能在听到成人喊自己的名字时作出反应后,成人问儿童:"你叫什么名字?"并让他回答。如果儿童语言有障碍,不能自己回答,则由成人代为回答,并要求儿童模仿自己的口型。

我们还可以这样玩!

- 如果儿童很快就能掌握并回答自己的名字,那么可以进一步训练儿童在听到自己的名字时,举手喊"到",为进入幼儿园或学校点名做准备。

🔔 特别要注意的事情

- 有些儿童可能会有鹦鹉学舌的问题,会重复成人的话,例如模仿说:"你叫什么名字?"为帮助他了解两人对话的含义,可以由两个成人先做出示范,互相询问姓名并做出回答,让儿童了解这个问题的真正含义。

掌握了吗?

- 如果儿童在听到别人叫自己的名字时,能把头及时地转向声源并作出恰当的回应,而当别人问自己叫什么名字时,能说出自己的姓名,那么我们的目标就达成了!

35. 抢椅子(记住他人的名字)

我们为什么这样做?

这个活动的目标是训练儿童在听到熟悉的人的姓名时,能够辨认出这个人;当被问到别人的姓名时,能够说出他人的姓名。

儿童需要准备的

儿童需要具备基本的共同注意能力、听从指令能力以及语言能力。

成人需要准备的

这个活动开始时可以由儿童和父母一起进行。需要准备父母和儿童的合影一张,以及两把椅子、一台录音机。

开始玩吧!

- 在客厅里摆好两把椅子,父母和儿童三个人一起玩抢椅子的游戏。先跟儿童说明游戏的规则,开始放音乐后,三个人排着队围着椅子转圈,当音乐停止时,迅速地坐到椅子上,没有抢到椅子的人需要回答问题。

- 如果儿童在理解游戏规则上有困难,可以先由爸爸妈妈进行示范,两个人抢一把椅子,没有抢到椅子的人回答问题。
- 当儿童熟悉了游戏的过程后,爸爸妈妈可以故意让儿童抢不到椅子,制造让他回答问题的契机。成人拿出事先准备好的合照,问儿童:"爸爸叫什么名字?""XX(说出妈妈的名字)是谁?"等等,要儿童说出爸爸妈妈的名字,并能和照片匹配。
- 可以为每个人准备一张从事某种活动的照片,例如爸爸在刷牙、妈妈在洗衣服、儿童在吃饭时照的照片,请儿童回答照片中人的姓名,以及在做的事情,例如:"XX(爸爸的名字)在刷牙。"

我们还可以这样玩!

- 如果条件允许,可以邀请更多的家庭成员加入游戏中,从最熟悉的父母开始,逐渐增加儿童辨认的范围。

特别要注意的事情

- 对于注意力有障碍的儿童,需要让他足够靠近镜子,来吸引他的注意力。

掌握了吗?

- 如果儿童在听到熟悉的人的姓名时,能够辨认出这个人,或者当被问到别人的姓名时,能够说出他人的姓名,那么活动的目标就达成了!

36. 进行自我介绍 1（基本信息）

我们为什么这样做？

这个活动的目标是训练儿童在做自我介绍时，能够顺利地说出自己的名字，以及自己的一些基本信息，在成人的提示下，能够说出自己的姓名、年龄、爱好等（至少能够说出三个属性）。

儿童需要准备的

儿童需要具备基本的共同注意能力、听从指令能力以及语言表达能力。

成人需要准备的

成人在较为安静的环境里和儿童进行面对面的交流，可以准备一块小黑板和马克笔。

开始玩吧！

- 成人先进行自我介绍，做出示范："我叫XX，今年XX岁了，我平时喜欢XXX。"接着告诉儿童要学习进行自我介绍，内容包括介绍自己的名字、年龄，以及自己的爱好。
- 成人对儿童说："现在该你做自我介绍了。记得要告诉我你的名字、年龄还有你的爱好哦。"如果儿童不能够连贯起来直接作出回答，成人可以将问题分解，先问儿童："你叫什么名字？"然后要儿童说出："我叫XX（名字）。"接着以相同的方式练习年龄"你多大了？"以及爱好"你平时喜欢做什么？"

- 儿童每回答一个问题，成人可以在小黑板上写下答案，对儿童进行视觉提示。
- 等儿童熟悉这三个问题以后，成人再要求儿童进行自我介绍，连贯地说出自己的名字、年龄和爱好。
- 成人和儿童的角色替换，请儿童让成人进行自我介绍。如果儿童问不出来，成人可以提示问句："你叫什么名字？"儿童模仿说出后，成人立即回答自己的名字，接着练习询问年龄和爱好。

我们还可以这样玩！

- 如果条件允许，可以邀请更多的家庭成员和同伴加入活动中，从儿童最熟悉的人开始，依次轮流进行自我介绍。
- 如果儿童的发展程度较好，可以在三个问题的基础上继续增加其他个人信息，完善自我介绍的内容。

🔔 特别要注意的事情

- 如果儿童在语言表达上有困难，成人可以帮助儿童制作视觉提示卡片，将自我介绍的内容用文字或图画的方式写在卡片上，并让儿童练习说出上面的内容。
- 即使儿童不能连贯地进行自我介绍，但每回答对一个问题，成人都应该及时地给予他们鼓励和赞扬。

掌握了吗？

- 如果儿童在被别人要求进行自我介绍时，能够连贯地说出自己的姓名、年龄和爱好，那么活动的目标就达成了！

37. 进行自我介绍 2（询问他人）

我们为什么这样做？

除了在被要求做自我介绍之外，在听完别人的自我介绍后，能够进行社交性的回应也是自闭谱系障碍儿童所普遍欠缺的一项技能。这个活动的目的在于训练儿童能够在社交场合询问别人的姓名、年龄、爱好等信息；在听完别人的自我介绍后，能够记住别人的基本信息。

儿童需要准备的

儿童需要具备基本的共同注意能力、听从指令能力以及语言表达能力。

成人需要准备的

成人在较为安静的环境里和儿童进行面对面的交流，可以准备一块小黑板和马克笔。

第三部分 | 让我们一起来促进儿童社会交往能力的发展

开始玩吧！

- 在前一个活动儿童能够进行自我介绍的基础上,成人和儿童的角色互换,请儿童让成人进行自我介绍。
- 如果儿童问不出来,成人可以提示问句:"你叫什么名字?"儿童模仿说出后,成人立即回答自己的名字,接着练习询问年龄和爱好。
- 在儿童熟悉了这一过程之后,成人可以邀请一位同伴加入活动,先请儿童和同伴分别做自我介绍,然后让两人互相询问。成人可以在旁边进行提示,将问题和答案写在黑板上。
- 介绍完毕之后,成人可以询问儿童:"刚才做自我介绍的小朋友叫什么名字?""他几岁了?""他平时喜欢做什么?"儿童注意听别人在说些什么,并记住相关信息。

我们还可以这样玩!

- 如果条件允许,可以邀请更多的家庭成员和同伴加入活动中,从儿童最熟悉的人开始,依次轮流进行自我介绍,并对相关的信息进行提问。

🔔 特别要注意的事情

- 如果儿童在语言表达上有困难,成人可以帮助儿童制作视觉提示卡片,将自我介绍的内容用文字或图画的方式写在卡片上,并让儿童练习说出上面的内容。

如何 发展自闭谱系障碍儿童的社会交往能力

- 儿童每回答对一个问题,成人都应该及时地给予他们鼓励和赞扬。

掌握了吗?

- 如果儿童能够耐心地听完别人的自我介绍,并记得相关的信息,那么活动的目标就达成了!

38. 你喜欢做什么?(社交对话)

我们为什么这样做?

询问别人的兴趣爱好是我们在进行社交对话时经常进行的主题。自闭谱系障碍儿童在开启和维持谈话方面都存在困难。通过这个活动的练习,可以让他们学会在被问到一些基本的问题时该如何作答,并可以了解他人的相关信息,以维持对话。

儿童需要准备的

儿童需要具备基本的共同注意能力、眼神交流能力、听从指令能力以及语言表达能力。

成人需要准备的

成人在较为安静的环境里和儿童进行面对面的交流,可以准备一块小黑板和马克笔。

开始玩吧！

- 成人告诉儿童，在跟同伴或老师对话时，可以介绍自己的兴趣和爱好。
- 成人向儿童提问："你喜欢做什么？"并请儿童作答。问题可以包括：你喜欢吃什么东西？你喜欢看什么电视节目？你喜欢玩什么玩具？你喜欢玩什么游戏？你喜欢去什么地方玩？等等。
- 如果儿童不能用完整的句子作答，可以先练习只用词语回答即可。例如成人问儿童："你喜欢吃什么？"儿童可以回答："饼干。"
- 当儿童掌握了用词语来回答问题后，成人可以用完整的句子说一遍，要求儿童模仿。例如成人说："我喜欢吃饼干。"并要求儿童重复一遍。
- 当儿童能用完整的句子回答后，成人再换其他问题和儿童进行练习。

我们还可以这样玩！

- 成人和儿童角色互换，请儿童问成人喜欢看什么电视节目，若儿童说不出来，成人可以提示问句："你喜欢看什么电视节目？"请儿童重复后，成人立即用完整的句子回答自己喜欢的节目。接着练习询问其他问题。

如何 发展自闭谱系障碍儿童的社会交往能力

🔔 **特别要注意的事情**

- 如果儿童在语言表达上有困难，成人可以帮助儿童制作视觉提示卡片，将儿童的兴趣爱好用文字或图画的方式写在卡片上，并让儿童练习说出上面的内容。
- 儿童每回答对一个问题，成人都应该及时地给予他们鼓励和赞扬。

掌握了吗？

- 如果儿童能够用词语或者完整的句子来回答问题，并向他人询问，那么目标就达成了！

39. 认识自己和他人（体验差异）

我们为什么这样做？

在儿童尝试去理解他人的想法、意图和感觉之前，他们首先需要明白"他人"是真实存在的，"他人"的存在和体验与他们自己的存在和体验是不同的。在这个活动中有许多具体的方法可以帮助儿童发展这种意识。

儿童需要准备的

儿童需要具备基本的共同注意能力、听从指令能力以及语言表达能力。

成人需要准备的

成人在较为安静的环境里和儿童进行面对面的交流,准备好镜子、玩偶等。

开始玩吧!

- 成人控制住儿童的身体,与他脸对着脸,然后成人可以先指着自己的脸,再指着他的脸,同时说:"这是妈妈(成人的名字或称谓)——这是XX(儿童的名字)。"

- 准备一面足够大的、能够照到全身的镜子。成人可以和儿童对着镜子并排站在一起,然后告诉他们彼此之间是如何不同。这个活动尤其适合在母亲给儿童洗完澡后尝试。因为儿童往往喜欢他们刚洗完澡后没穿衣服,头发湿漉漉的样子。母亲可以边照镜子边告诉儿童他们之间的不同之处,例如边用手比画边说:"妈妈长得高,XX长得矮。"同时,也可以尝试用口令去鼓励儿童指出他们身体的不同部位,例如:"用手指妈妈的脚——用手指XX的脚……"

- 在一天中持续地告诉儿童你的感觉和想法。例如,当儿童坐在母亲的膝盖上时,母亲可以说:"当XX坐在妈妈的膝盖上时,妈妈感到很'快乐'。"或者如果天气很好,母亲可以说:"我喜欢外面的阳光,它使我感到很'快乐'。"在开始时,只是介绍诸如"快乐""悲伤"这些情绪,渐渐地可以加入"生气""担心"等情绪表达词语。

- 在告诉儿童自己的感受的同时,也要紧接着将这些词语用在形容儿童的感受上,从而使儿童能够将感受和相应的词语对应起来。能够明白自己的感受如何是发展理解他人感受能力的重要基础。

我们还可以这样玩!

- 如果条件允许,可以邀请更多的家庭成员和同伴加入活动中,相互认识。
- 可以采用儿童十分喜爱的玩偶作为开始,在儿童和这个玩偶玩了一会儿后,成人说"该我了",然后将手轻轻地放在儿童的手上,温和地让儿童松开拳头。成人将玩偶放在自己身边一秒钟后,再跟这位儿童继续互动并再次说"该我了",作为一个提示帮助儿童复述。游戏继续着,慢慢地增加成人拿玩具的时间,不久儿童便会习得自己重新拿回玩偶,并开始能容忍分享和轮流。

🔔 **特别要注意的事情**

- 如果儿童在语言表达上有困难,成人可以帮助儿童制作视觉提示卡片,用动作进行示意。一旦儿童做出恰当的回应,成人应该及时地给予他们鼓励和赞扬。

掌握了吗?

- 如果儿童能够明白"他人"是真实存在的,"他人"的存在和体验与他们自己的存在和体验是不同的,那么目标就达成了!

40. 全家总动员(代词使用)

我们为什么这样做?

自闭谱系障碍儿童对于代词的理解和运用往往存在着困难,代词颠倒和鹦鹉学舌的现象很普遍。这个活动旨在帮助他们掌握对我、爸爸、妈妈、爷爷、奶奶等家庭中常用代词的理解和使用能力。

儿童需要准备的

儿童需具备一定的语言能力、模仿能力以及基本的运动能力。

成人需要准备的

成人可以准备好儿童喜欢的玩具,如小汽车等,以及儿童喜欢吃的零食若干。

开始玩吧!

- 这个活动需要父母及其他家庭成员的参与。可以让爸爸和儿童分为一组,妈妈作为另一组,进行互动。

如何 发展自闭谱系障碍儿童的社会交往能力

- 在地板上面对面坐下后,爸爸先将儿童最喜欢的小汽车推到妈妈跟前,并说:"汽车开到妈妈那里了!"妈妈接到后在小汽车上放上儿童喜欢吃的零食,并将小汽车推到儿童的面前:"汽车开到XX这里了!"儿童顺利接到车,就可以得到自己喜欢的零食。
- 爸爸先作出示范,将小汽车推到妈妈面前,同时说:"给我的小汽车上再放点好吃的!"之后让儿童模仿自己的动作,直到儿童能够自己完成。
- 交换顺序,循环推车,让儿童逐渐理解并能说出"我""爸爸""妈妈"。

我们还可以这样玩!

- 如果条件允许的话可以让爷爷奶奶等更多的亲人参与到这个游戏中来,扩大儿童对代词的理解和使用的范围。

🔔 **特别要注意的事情**

- 随着游戏的进行,在这一过程中可以使用不同的代词、称谓、姓名来进行变化和替代,但这种变化替代不要太快,要等到儿童已掌握或基本掌握时再加以变化。

掌握了吗?

- 如果儿童能够基本正确地掌握和使用常用代词和称谓,特别是用"我"来指代自己,那么目标就达成了。

41. 高兴还是难过（表情识别）

我们为什么这样做？

这个活动的目的是通过训练让儿童能够识别高兴和难过的表情，对图片进行分类和配对，并能辨别成人做出的表情是高兴的还是难过的，从而对他人的情绪状态有一个初步的了解。

儿童需要准备的

儿童需具备基本的视觉能力、语言理解能力、模仿能力及基本的运动能力。

成人需要准备的

成人需要事先准备笑脸和哭脸的图片各一张、代表高兴和难过的图片数张。

开始玩吧！

- 成人先拿出笑脸图片给儿童看，并告诉他："这个是笑脸，代表喜欢和高兴。"接着拿出哭脸的图片告诉儿童："这个是哭脸，代表伤心和难过。"重复几次，直到儿童掌握笑脸和哭脸代表的含义。

- 成人接着拿出两张图片（最好是儿童自己大笑和哭闹时的照

片），然后教儿童辨认图片上的人是高兴的还是难过的。等儿童熟悉后，可以将图片类化到日常生活中，作为视觉提示的符号。

- 成人一次呈现出多张图片，随机抽取，让儿童辨别图片上人的表情是高兴的还是难过的，并对图片进行分类，将相同的表情放在一起。如果儿童辨认正确并成功分类，那么成人要及时地给予儿童奖励和赞扬。

- 成人在桌子上呈现高兴和难过的照片，并做出相应的表情，要儿童看自己的脸，猜自己现在是高兴还是难过的，可以用比较夸张的动作和表情吸引儿童的注意。例如成人做出高兴的表情并同时问儿童："我的表情和哪一张很像？"如果儿童能正确指出，则立即回应他："是的，我很高兴。"

- 当儿童能正确指认高兴和难过的表情后，可以脱离图片的提示，成人随机做出高兴或难过的表情要儿童辨认。成人做出表情后问儿童："我的表情是什么？"若儿童可以回答出表情的名称，则给予奖励。

我们还可以这样玩！

- 成人可以播放儿童喜欢的动画片（如有关加菲猫的），当儿童看得津津有味时，将影片定格，接着问儿童："加菲猫怎么了？""加菲猫现在是高兴还是难过？"要儿童对卡通人物的表情进行辨认。

- 可以进行轮流,鼓励儿童自己做出高兴或难过的表情,让成人来辨别。
- 可以用相同的训练方法让儿童识别害怕和生气的表情。

🔔 **特别要注意的事情**

- 教儿童辨认表情时要从最基本的简笔画开始,再到复杂的图片,最后过渡到成人真实的表情,要根据儿童的理解能力和水平进行变化和更替,不要太快。

掌握了吗?

- 如果儿童能够辨别高兴和难过的表情,那么目标就达成了!

42. 高兴还是难过(情绪体验)

我们为什么这样做?

在能够辨别高兴和难过表情的基础上,这个活动使儿童能够在不同的情境下体验高兴和难过的感觉,并能够说出自己是高兴的还是难过的;当他人做喜欢做的事情时,能指出他人的情绪是高兴的;当他人做不喜欢做的事情时,能指出他人的情绪是难过的,可以发展儿童的同理心。

如何 发展自闭谱系障碍儿童的社会交往能力

儿童需要准备的

儿童需具备基本的视觉能力、语言理解能力、模仿能力及表达能力。

成人需要准备的

成人需要事先对儿童进行细致的观察,了解儿童的喜好,准备好儿童最喜欢的食物(例如糖果)和最讨厌的食物(例如番茄)。准备好小黑板和马克笔。

开始玩吧!

- 成人先拿出一样儿童喜欢的食物(如糖果)并问儿童:"给你吃糖果,你高兴吗?"如果儿童回答说:"高兴。"那么马上把糖果作为奖励给儿童。如果儿童没有回应,就不能得到奖励。

- 成人接着拿出儿童讨厌的食物(如番茄)并问儿童:"给你吃番茄,你高兴吗?"如果儿童说:"高兴。"就把番茄给儿童吃。如果儿童说:"不高兴。"则可以不吃。如果儿童不能用语言表达,但是拒绝吃,成人可以提示他说:"不高兴。"直到儿童说出"不高兴"后,才停止尝试让儿童吃。

- 成人在小黑板上写下食物的名称或者画出来,问儿童在吃这些食物(如糖果、青椒、苹果)时是高兴还是难过。如果儿童无法直接用语言回答,可以使用笑脸和哭脸的图片来表达自己高兴或难过的情绪。

- 成人在黑板上写下情境(如看动画片、看医生打针等),并问儿童:"当你做这些事时,你觉得高兴还是难过?"如果儿童无法直接用语言回答,可以使用笑脸和哭脸的图片来表达自己高兴或难过的情绪。

我们还可以这样玩!

- 成人可以播放儿童喜欢的动画片(如有关加菲猫的),当儿童看得津津有味时,将影片定格,接着问儿童:"加菲猫怎么了?""加菲猫现在是高兴还是难过?"要儿童对卡通人物的表情进行辨认。当儿童能回答出正确的情绪时,成人接着问儿童:"为什么它会高兴?"或"为什么它会难过?"要儿童说出原因,答对立即给予奖励。
- 在儿童基本能够表达自己是高兴还是难过之后,可以扩展到对他人情绪状态的识别和体验上,例如和成人进行轮流,儿童问成人在某种情境下是高兴的还是难过的。
- 除了用儿童最熟悉的食物进行训练外,还可以选择儿童最喜欢的玩具、游戏或者活动作为情境,询问儿童是高兴的还是难过的。

🔔 **特别要注意的事情**

- 教儿童辨认表情时要从最基本的简笔画开始,再到复杂的图片,最后过渡到成人真实的表情,要根据儿童的理解能力和水平进行变化和更替,不要太快。

掌握了吗?

- 如果儿童能够在不同的情境下体验高兴和难过的感觉,并能够说出自己是高兴的还是难过的,那么目标就达成了!

43. 我很害怕(表情识别和情绪体验)

我们为什么这样做?

这个活动的目的是让儿童体验害怕的感受,能指认害怕的表情、令人害怕的情境和物品。当成人展示出一个令人害怕的情境时,能够说出自己会害怕以及感到怕的原因,并知道别人可能会和自己一样感到害怕。当被问到自己的感受时,能在高兴、难过和害怕中进行选择。

儿童需要准备的

儿童需具备基本的视觉能力、语言理解能力、表达能力以及同理心。

成人需要准备的

成人需要事先对儿童进行细致的观察评估,了解儿童害怕的声音、物品和活动。准备一些令人害怕的图片、彩绘读本等。

开始玩吧！

- 成人根据事先的观察，知道儿童害怕的事物，然后依据儿童的具体情况制造令儿童害怕的情景。如果儿童很怕摸毛绒玩具，则把一个毛绒玩具丢给儿童让他玩；如果儿童很怕高，则可以让他站到椅子上或床上；如果儿童很怕听到吹哨子的声音，成人可以故意在儿童面前吹哨子，等等。

- 成人问儿童："你觉得怎么样？"如果儿童表现出害怕的神情，成人便告诉儿童："你很害怕。"要儿童模仿说"害怕"，接着马上拿开害怕的物品，消除害怕的情境。

- 成人可以给儿童讲一个令人害怕的故事，例如小红帽和大灰狼的故事，并将故事图片呈现在儿童面前，接着问儿童："小红帽怎么了？"若儿童不会回答，成人可以提示说"害怕"，并要儿童联想小红帽为什么会害怕。

- 当儿童能正确说出情境中的人物会害怕时，成人接着问儿童："为什么他会害怕？"要儿童尝试说出原因，并及时给予鼓励。

- 成人可以向儿童呈现日常生活中人们通常会感到害怕的图片，例如电闪雷鸣的图片，成人问儿童："打雷了，雷声很吓人，你觉得高兴、难过还是害怕？"如果儿童不能回答或答错，成人需要进行示范，并让儿童模仿说，作出合理的情绪反应，直到能区别三种不同的情绪状态。

- 成人将儿童已经熟悉的故事或动画片中高兴、难过和害怕的图片随机呈现,要儿童指出图片中,人物的情绪是高兴、害怕还是难过。如果儿童答错,成人可以提示情绪发生的情境,反复练习,直到儿童熟悉为止。

我们还可以这样玩!

- 成人可以播放儿童喜欢的动画片(如有关小红帽的),当儿童看得津津有味时,将影片定格,接着问儿童:"小红帽怎么了?""小红帽现在是高兴、难过还是害怕?"要儿童对卡通人物的表情进行辨认。
- 如果儿童不能或不会回答,成人可以告诉儿童:"小红帽现在很高兴(难过或者害怕)。"并要求儿童模仿说。接着谈论动画片的情节,和儿童讨论小红帽的身体动作、脸部表情及感到害怕的原因。
- 成人和儿童可以轮流对小红帽的表情动作进行辨别,儿童回答对时要及时给予奖励。

🔔 **特别要注意的事情**

- 在让儿童体验害怕的情境时,一定要确保儿童的安全性,同时要考虑到儿童的接受水平,不要一下子就让他变得很紧张或害怕,注意要循序渐进,保持儿童平稳的状态。

掌握了吗?

- 如果儿童能够指认出让自己觉得害怕的物品和情境,并说出

"我很害怕",同时能理解别人可能会和自己有一样的体验,那么目标就达成了!

44. 我很生气（表情识别和情绪体验）

我们为什么这样做?

这个活动的目的是让儿童体验生气的感受,能指认生气的表情。当成人展示出一个令人生气的情境时,能够说出自己会生气以及感到生气的原因,并知道别人可能会和自己一样感到生气。当被问到自己的感受时,能在高兴、难过、害怕和生气中进行选择,能够知道他人的情绪状态,发展同理心。

儿童需要准备的

儿童需具备基本的视觉能力、语言理解能力、表达能力以及同理心。

成人需要准备的

成人需要准备表现生气表情和情境的图片,以及高兴、难过、害怕的图片。准备儿童喜欢的动画片,并挑选其中人物生气时的片段进行播放。

开始玩吧!

- 成人先呈现生气表情的图片,教儿童进行识别,步骤可参照活动41。

- 请儿童列举可能会使自己生气的情境。如果儿童不能或不会回答,成人可以予以示范和提示,结合平时对儿童的观察,提出一些情境,例如:"如果被抢走心爱的玩具,我很生气。""妈妈不让我吃糖,我很生气。"等等。成人可以试着和儿童讨论生气的原因。

- 成人将儿童已练习过的生气表情或生气情境图片,和高兴、难过或害怕的图片随机呈现,要儿童指出图片中人物的情绪是高兴、难过、害怕还是生气。如果儿童答对,要及时给予鼓励;如果儿童答错,那么成人可以提示情绪发生的情境,启发儿童做出正确的回答。

- 反复练习,直到儿童熟悉为止。

- 成人可以随机地表现出高兴、难过、害怕或生气的表情,并要儿童回答自己的表情代表什么,并让儿童猜猜看原因。

我们还可以这样玩!

- 成人可以播放儿童喜欢的动画片(如有关加菲猫的),挑选一段生气的情境播放后,将影片定格,接着问儿童:"乔恩的食物被加菲猫抢走了,乔恩觉得怎么样呢?"如果儿童不会回答,成人可以提示儿童说出:"乔恩很生气。"

- 成人可以进一步提问:"你怎么看出他很生气呢?"并和儿童讨论人在生气时的身体动作和脸部表情,提醒儿童观察图片和卡通中人物的眉毛、嘴巴的样子和肢体动作等。

- 等到儿童基本认识和掌握了高兴、难过、害怕、生气四种情绪后,成人可以以此为基础,教儿童认识和辨别其他的情绪,例如快乐、开心、紧张、担心等;并让儿童知道有些相似的情绪可以用不同的词语表达。

🔔 **特别要注意的事情**

- 教儿童辨认表情时要从最基本的简笔画开始,再到复杂的图片,最后过渡到成人真实的表情,要根据儿童的理解能力和水平进行变化和更替,不要太快。

掌握了吗?

- 如果儿童能够指认和辨别生气的表情,体验生气的感受,并能进一步了解他人的情绪状态,那么目标就达成了!

45. 表达喜怒哀乐(情绪表达)

我们为什么这样做?

通过前面的几个活动,儿童应该已经能基本辨别和体验高兴、难过、害怕和生气的感受。这个活动的目的在于训练儿童的情绪表达能力,学会用语言或者图片等在不同的情境中体验并向别人表达自己当下的情绪感受。

如何 发展自闭谱系障碍儿童的社会交往能力

儿童需要准备的

儿童需要具有正常的视觉能力，一定的语言表达能力和执行指令能力，能够识别和理解基本的表情和情绪状态，具备一定的同理心。

成人需要准备的

成人可以准备表现高兴、难过、害怕和生气的表情和情境的图片，作为视觉提示卡片给儿童使用。

开始玩吧！

- 成人和儿童面对面坐好，注意说话时要看着儿童的眼睛。成人可以用语言向儿童表达自己的感情，如"我今天很开心"或"我今天很生气"，并同时做出明显甚至夸张的面部表情，吸引儿童的关注。

- 成人接着询问儿童的感觉如何，是否和自己有相同的感觉。如果儿童不能用语言表达自己的感受，可以借助相应的图片，挑选出代表自己当下情绪状态的图片交给成人。成人接过图片后可以说："哦，你现在很高兴。"并让儿童模仿说："我很高兴。"可以示范给儿童看如何表达自己的感情。

- 当儿童周围的小朋友哭、笑、生气时，可以马上问一问儿童："他们怎么啦？"还可以具体地问："他生气了吗？"或是"他笑了吗?"让儿童从中选择一句来回答你。

- 成人可以和儿童一起读故事书或绘本,当发现书中有某种特殊的或夸张的表情出现时,成人马上问儿童:"那个人怎么啦?他为什么在笑(哭、生气……)?"并尝试和儿童讨论可能的原因。

我们还可以这样玩!

- 成人可以在一天的日常生活中,随时随地询问儿童当前的感受,并鼓励他们用语言来进行回答。反复多次进行,潜移默化地进行训练。

🔔 特别要注意的事情

- 由于自闭谱系障碍儿童缺乏心理理论,可能很难对他人的表情和情感予以关注。成人要尽量用夸张一些的动作和表情吸引儿童的注意力。
- 对于不能用语言表达自己感受的儿童来说,可以利用相应的表情图片来进行替代表达。

掌握了吗?

- 如果儿童能够识别基本的情绪状态,并用图片或语言来表达自己内心的感受,比如:"我今天很高兴,因为……"那么目标就达成了!

46. 猜猜我是谁（辨识人脸）

我们为什么这样做？

自闭谱系障碍儿童与人接触时往往不愿意看别人的脸，逃避目光接触。这无疑给儿童进行正常的社交互动造成了障碍。这个活动要求儿童专注于熟悉的人脸的脸部特征，通过一种有趣的方式来促进这种观察，增强儿童对于自己周围所熟悉的世界中人脸特征的辨识和接纳。

儿童需要准备的

儿童需要具备正常的视觉能力、记忆能力、辨别能力以及手部的精细动作能力。

成人需要准备的

成人需要事先用相机拍摄家庭成员以及儿童的脸部的特写照片，将照片打印出来，然后用剪刀将照片剪成四至五片大的碎片，要确保每一片照片上都有可以辨识的脸部信息。例如，每片照片上分别有眼睛、嘴巴、耳朵，等等。

开始玩吧！

- 成人和儿童一起坐在桌子前，将准备好的照片碎片排成一排，打乱顺序，让儿童自己从中选择一块："现在我们每人挑选一片照片好吗？"
- 让儿童尝试去猜测他所拿的这块属于谁的脸。成人可以先进行示范，挑选一片照片，并说："哦，让我猜猜看，这是妈妈的眼睛！你拿的照片是什么呢？"
- 成人可以和儿童轮流进行猜测，直到所有的照片碎片都被猜中。如果儿童猜对了，要及时给予奖励；如果没有猜对，成人要协助他们说出正确的答案。
- 猜完后可以进一步要求儿童将每张人脸照片拼凑完整，并辨认出这是谁的照片。

我们还可以这样玩！

- 这个活动可以多人参加，轮流选择和猜测，增进家庭成员之间的互动。

🔔 **特别要注意的事情**

- 在制作照片时要注意每片照片块上都要确保有可辨识的脸部信息，而不是简单地随机剪成碎片。
- 在儿童拿起某片时，成人应用语言进行及时的强化，例如："宝宝真棒，这个是鼻子。它是谁的呢？"
- 要确保从儿童最熟悉的人脸开始，例如爸爸、妈妈、儿童自己的照片，逐步扩展到其他人。

如何 发展自闭谱系障碍儿童的社会交往能力

掌握了吗?

- 如果儿童能够辨别出熟悉的家人的脸部特征,能够区分家庭成员和陌生人,那么目标就达成了!

47. 鬼脸嘟嘟(表情模仿)

我们为什么这样做?

这个活动可以锻炼儿童的模仿能力,引发他们的社会性微笑。通过反复做出使成人感兴趣的动作,吸引他人的注意,为表达自己的需求奠定基础。

儿童需要准备的

儿童需要具备基本的共同注意能力、模仿能力以及表达能力。

成人需要准备的

这个活动不需要特别的准备,成人和儿童在相对安静的环境里进行互动即可。成人要注意保持高昂的情绪状态,用活泼的语调和夸张的表情吸引儿童的注意。

开始玩吧!

- 成人开始时可以模仿动物的动作和叫声,例如学大灰狼发出

"嗷呜"的叫声,并且手指蜷曲假扮成狼爪的样子,尽量显得夸张有趣,吸引儿童的注意力,并要求儿童进行模仿:"宝宝也来当小狼!"儿童如果照做了,要及时为他鼓掌叫好,鼓励称赞他。

- 如果儿童不配合,在开始时可以由成人抓着儿童的手,协助他做动作。之后要逐渐减少帮助,并鼓励儿童自己进行模仿和表演。动作做得好,要及时称赞他。
- 成人做出各种有趣的鬼脸,引儿童发笑。注意和儿童进行眼神的接触,并让儿童也模仿做出鬼脸:"宝宝一起来扮鬼脸嘟嘟!"
- 当儿童仿照成人的动作扮鬼脸或做出其他有趣的动作时,成人要立即有所回应,用大笑来鼓励儿童,显得乐在其中。

我们还可以这样玩!

- 这个活动没有特定的时间空间要求,是进行亲子互动、增进亲密感的好机会。成人可以在儿童发呆时、沉浸在自己的世界时用这个活动来吸引儿童的注意。

特别要注意的事情

- 成人在进行表演时要尽量表现得开心、有趣,乐在其中,以吸引儿童的注意。

掌握了吗?

- 如果儿童能够模仿成人的动作发出声音或做出鬼脸,吸引他

如何 发展自闭谱系障碍儿童的社会交往能力

人的注意,那么目标就达成了!

48. 补齐娃娃脸(表情识别和匹配)

我们为什么这样做?

自闭谱系障碍儿童在对面部进行识别时,往往关注的是某个部分,而非整体。这个活动可以帮助儿童识别各种面部表情,并将面部表情和人的情绪状态联系起来。这个活动鼓励儿童去记忆整个完整的图形,而不仅仅是图形中的某个部分。随着活动的进行,儿童需要记住娃娃脸的哪个部分缺失了,并将它们补齐。

儿童需要准备的

儿童需要具备基本的视觉辨认能力、共同注意能力和语言理解能力,能够辨识基本的表情。

成人需要准备的

成人需要事先准备好小黑板和马克笔。

开始玩吧!

- 成人首先在白板上画出带有各种表情的娃娃脸,例如微笑、大笑、哭泣、悲伤、愤怒等,先向儿童介绍每个娃娃脸所代表的表情,然后向儿童随机提问,让儿童回答它们各代表了什么样的情绪。

- 重复提问数次，直到儿童完全掌握了每个娃娃脸所代表的表情。
- 成人在黑板上再画一张空白的娃娃脸，让儿童根据成人所描述的情境将空白的脸孔补齐。例如，成人可以说："妈妈要带宝宝去游乐园坐飞机，宝宝觉得很……"停顿一下，提示儿童说出："高兴（或者开心等）。"
- 然后请儿童在空白的娃娃脸上画出高兴的样子（嘴角上翘）。
- 如果儿童能够完成指令，则立即予以鼓励，称赞他做得好；如果儿童不能一下子完成指令，可以由成人先做出示范，再由儿童模仿。

我们还可以这样玩！

- 如果儿童语言有障碍或者不能完成绘画，完全可以用视觉提示卡片来进行表情和情绪状态的匹配。

特别要注意的事情

- 在活动进行的过程中成人应该根据儿童的实际能力做灵活的调整，对于一些不能根据言语指令补齐脸孔的儿童要循序渐进，反复多次让他们能够辨识各种表情即可。

掌握了吗？

- 如果儿童能够识别并匹配各种不同的表情，并能根据成人的描述补齐娃娃脸,那么目标就达成了!

49. 手绘表情脸谱(表情识别和匹配)

我们为什么这样做?

这个活动通过让儿童画出笑脸和其他简单的表情,可以帮助他们锻炼手部精细动作能力和模仿能力,识别不同的表情和情绪,同时可以帮助他们开启尘封的情感意识。通过学习如何阅读面部表情和肢体语言,儿童能够更好地理解社会性线索。

儿童需要准备的

儿童需要具备基本的手部精细动作能力、情绪识别能力和模仿能力。

成人需要准备的

成人需要准备好一些白纸和水彩笔。

开始玩吧!

- 成人和儿童一起坐在桌子前,成人将一张白纸铺在桌子上,和儿童每人挑选一支自己喜欢的彩色笔。
- 成人先在纸上画一幅简单的笑脸图,然后面带笑容地对儿童说:"这是一个笑脸。"接着,鼓励儿童模仿成人画出一个笑脸图："宝宝也来画一个好吗？"如果儿童不能听从指令，成人可以站到儿童背后，握住他的手，给予肢体协助，帮他画出一个笑脸。

- 然后成人重新画一个娃娃脸，这次画的是一个嘴角向下不高兴的表情，眼睛再加上泪滴，成人同样需要做出伤心的表情并告诉儿童："这是一个伤心的表情。"然后鼓励儿童进行模仿。如果儿童不能听从指令，成人可以站到儿童背后，握住他的手，给予肢体协助，帮他画出一个哭脸。
- 完成后可以再继续画其他表情，如通过锯齿状的嘴巴表明惊恐的表情、扁嘴表示"没问题"的表情。
- 通过自己绘制或者观看别人绘制一个面部表情图，儿童能够判断出不同嘴的位置差异代表着不同的表情；如果儿童进行了拓展练习，还可以判断出不同的眉毛的位置也代表着不同的表情。

我们还可以这样玩！

- 可以增加眉毛的变化。例如，眉毛的位置较高或向内倾斜代表着恐惧，眉毛向外倾斜表示悲伤。
- 给这些表情增加身体语言。首先通过让儿童猜成人的不同姿势所代表的情感，然后再让儿童轮流作出不同的姿势让别人去猜。

如何 发展自闭谱系障碍儿童的社会交往能力

🔔 特别要注意的事情

- 对于那些手部控制能力不佳,不能独立进行绘画的儿童,可由成人手把手地辅助画图。
- 对于那些还不能理解面部表情的儿童,可以使用夸张的手法让这些表情的含义更加明显。
- 对于那些对不同表情没有明显反应的儿童,可以让其通过其他感官或者触觉的方式去感受差异,鼓励他们用自己的手指去感觉你的悲伤(快乐、恐惧、没问题)表情。

掌握了吗?

- 如果儿童能够基本掌握各种表情的特点,并能模仿成人用简单的线条画出不同的表情,那么目标就达成了!

50. 表达自己的喜好(自主选择)

我们为什么这样做?

这个活动的目的是在成人提供一些食物、玩具或活动给儿童选择时,经过训练,儿童可以自主选择自己想要的东西,学会表达"想要"和"不要"。到商店或超市购物时,能选择自己想要的物品。

儿童需要准备的

儿童需要具备基本的听从指令的能力、语言理解能力和表达能力。

成人需要准备的

成人需要事先了解清楚儿童喜欢以及讨厌的事物、玩具或活动。准备好一些食物（如饮料、饼干、糖果等）、玩具（如球）、活动照片，以及喜欢（笑脸）和不喜欢（哭脸）的图片作为视觉提示。

开始玩吧！

- 成人和儿童在桌子前坐好，成人先拿出儿童最喜欢的饮料，给儿童喝一口之后把杯子拿走，然后问儿童："你还想要吗？"如果儿童用语言回答："想要。"或者用动作示意，如点头、用手去抓饮料等，则让儿童再喝一口。重复这个过程，引导儿童说出"想要"或"要"。

- 在儿童从事喜欢的活动时（如拍皮球），让其中断，问儿童要不要继续，如果儿童示意要，则让儿童继续，反之则中止。若儿童能明确并连续示意继续时，成人可以指导儿童用点头表示要。

- 成人呈现儿童不喜欢的物品，问儿童要不要，若儿童点头，则将该物品给儿童,例如儿童讨厌黄瓜,当儿童点头要时,则将黄瓜给儿童;若儿童拒绝接受,成人立即摇头示范说"不要",并要求儿童跟着摇头表示不要或说出"不要"。

- 成人同时呈现两种物品,一为儿童喜欢的物品(如糖果),一为儿童不喜欢的东西(如黄瓜),然后问儿童:"你要糖果还是黄瓜?"让儿童进行选择。当儿童说出喜欢物品的名称时,立即给他想要的食物作为奖励。

- 准备三种儿童吃过的食物、做过的活动照片或玩过的玩具,放在儿童面前,问儿童:"你要哪一个?"要儿童说出他想要的食物、玩具或活动名称,等儿童说出后即给儿童想要的食物、玩具或活动作为奖励。

- 成人带儿童到家附近的商店或超市购物,让儿童选择自己喜好的物品购买。

我们还可以这样玩!

- 对于那些不能用语言说出"想要"和"不要"的儿童,可以让他们用点头、摇头等动作进行示意,或者使用喜欢(笑脸)和不喜欢(哭脸)的图片来表达自己的喜好。

- 对于能力发展水平较高的儿童,可以邀请同伴一起参加游戏,轮流选择自己想要的东西。

特别要注意的事情

- 这个活动的进行要遵循由简到难的顺序,开始时询问是否想

第三部分 让我们一起来促进儿童社会交往能力的发展

要某一种物品，再进阶到对两种物品的选择，最后到对多种物品的自主选择。

- 在刚开始进行时，要尽量选择儿童最喜欢的食物或活动进行选择，提高儿童的兴趣和参与度。

掌握了吗？

- 如果儿童可以在成人提供的选择中自主选择自己想要的东西，学会表达"想要"和"不要"，那么我们的目标就达成了！

51. 点点头，摇摇头（学说对错）

我们为什么这样做？

自闭谱系障碍儿童一般喜欢根据颜色或大小来对物体进行分类，根据他们的这一特征，成人可以在游戏过程中故意把东西放错位置，创造交流互动的契机，来对儿童进行训练，让他们学会说"对"或"错"，或者学会摇头或点头这一重要的社交技能，提高社交互动技能。

儿童需要准备的

儿童需要具备基本的头部控制能力，能够辨别视觉和听觉刺激。

如何 发展自闭谱系障碍儿童的社会交往能力

成人需要准备的

成人需要事先准备可以依据外观特征进行分类的玩具,比如形状不同的积木,各种颜色的彩纸等。

开始玩吧!

- 成人和儿童坐在桌子前,将积木放在桌子上,先和儿童轮流挑出红色的积木:"我们一起挑出红色的积木来好吗?你拿一块,我拿一块!"并将挑选的积木放到一边。

- 成人故意拿错颜色,例如拿起一块绿色的积木放到红色积木堆里。观察儿童的反应,可能他已经意识到成人做错了,但是不能说出来。成人说"错",然后将它放到正确的位置,再说"对"。每次说"错"的时候,都配上摇头的动作;说"对"的时候,都配上点头的动作。

- 成人继续拿积木,每次放到错误的位置时都夸张地说出"错"这个词,并作出夸张的摇头动作。

- 如果儿童已经熟练掌握分类,让他来纠正你的错误;当他把物体放到正确的位置时,你要肯定地对他说"对"。

- 如果儿童挑选正确并放到正确的位置,成人要及时地说"对"并点头。如果儿童拿错了积木或者放到了错误的位置,成人要说"错"并摇头。要求儿童模仿成人点头或摇头的动作,并说出"对"和"错"。

我们还可以这样玩!

- 可以用拼图代替分类玩具。
- 当成人犯一些低级错误时,儿童可能会觉得很有意思,很可笑,进而可以感受到与人交流的乐趣,体会到游戏的幽默之处。
- 在儿童基本掌握说对和错之后,设置更复杂的情境,让儿童做出反应。

特别要注意的事情

- 根据儿童能力水平的差异,如果儿童不能说出对错,那么只要掌握点头和摇头的含义就可以了。

掌握了吗?

- 如果儿童能够理解对错的含义,并学会说"对"或"错",或者学会摇头或点头,那么目标就达成了!

52. 请你跟我这样做(模仿合作)

我们为什么这样做?

　　这个活动可以训练儿童的共同注意能力、动作模仿能力、轮流合作能力以及对节奏的把握能力。

如何 发展自闭谱系障碍儿童的社会交往能力

儿童需要准备的

儿童需具备基本的身体活动能力、语言理解能力和模仿能力。

成人需要准备的

成人需要事先准备好录音机,并准备几首活泼轻快的歌曲,可以边做游戏边放音乐,加强儿童的节奏感。

开始玩吧!

- 成人和儿童在平整的地面上相对而立,成人开始播放音乐,并带领儿童做动作。合着音乐的节奏,边做边说:"请你跟我这样做!请你跟我这样做!"动作可以由成人进行变换,如拍手、跺脚、踢腿等。

- 开始的时候,儿童可能不会跟着做,表现得无动于衷,连看也不看成人。这时需要一位辅助者在旁边给予儿童肢体上的协助,手把手地把扶着儿童做出相应的动作。逐步地让儿童参与到活动情境中来,并体会到其中的乐趣。

- 当儿童能够参与到游戏中,跟着模仿成人的动作之后,可以进行轮换,让儿童当小老师,并要求成人跟着做动作。成人要表现得非常配合,尽量用夸张的表情和动作吸引儿童的注意。

我们还可以这样玩!

- 这是一种既可简单地与儿童单独进行,也可以多人一起玩的活动。在多人一起进行游戏时可帮助儿童建立轮流的概念。

🔔 特别要注意的事情

- 成人所做的动作的难度和重复的次数可以根据儿童的能力水平进行调整。
- 在让儿童当小老师时,如果儿童不能用口语说出"请你跟我这样做"也没关系,成人可以先代替儿童说,再让儿童模仿说。

掌握了吗?

- 如果儿童能够独立或者在辅助者的帮助下,和着节奏模仿成人所作的动作,那么目标就达成了!

53. 学会打招呼(社交互动)

我们为什么这样做?

用恰当的方式打招呼是社交互动中较为重要的一环。这个活动可以训练儿童的模仿能力和语言表达能力,让儿童自主或者在被成人提醒的情况下,会用动作(如社交性微笑、挥手等)或语言向同伴或熟悉的成人打招呼。

如何 发展自闭谱系障碍儿童的社会交往能力

> **儿童需要准备的**
>
> 儿童需要具备听从指令的能力、模仿能力,以及语言理解和表达能力。
>
> **成人需要准备的**
>
> 成人可以根据儿童的特点,事先编写好以打招呼为主题的社交故事,配合活动的开展。可以准备一些儿童喜欢的零食作为奖励物。

开始玩吧!

- 这个活动的重点在于抓住日常生活中的每个可能干预的契机,对儿童进行训练。例如:当有客人来访时,父母将儿童带到门口,安排一个用动作和话语向大人问候的场面。例如妈妈可以先进行示范:"宝宝,叫阿姨好!"如果儿童听从指令说出"阿姨好"或表现出欢迎的动作,此时来访的客人和父母都应当给予儿童及时的鼓励肯定,如:"真乖!宝宝真是个听话的好孩子!"

- 当爸爸或其他家人下班回家时,让他们都主动与儿童打招呼。如果儿童也模仿着这样做,就立刻夸奖他做得好,或者奖励零食等。

- 也可以让儿童使用玩具电话或真正的电话模仿父母说:

"喂,你好吗?"等等,和成人进行打电话的假想游戏。

我们还可以这样玩!

- 这是一种既可简单地与儿童单独进行,也可以多人一起玩的活动。在多人一起进行游戏时可帮助儿童建立轮流的概念。

特别要注意的事情

- 对于一些没有语言的儿童来说,不必强求他们要照着大人的方法来问好,可以教他们用微笑或点头等社会性身体语言来进行表达。

掌握了吗?

- 如果儿童能够主动或在父母的提醒下向熟悉的邻居、老师还有小朋友问好,那么目标就达成了!

54. 礼貌小标兵(学说礼貌用语)

我们为什么这样做?

在向他人求助时,礼貌用语的使用非常重要。这个活动的目的在于让儿童学说"请""谢谢""对不起"等礼貌用语,并理解每种礼貌用语应该在什么情境下使用,为进一步的社交互动奠定基础。

> **儿童需要准备的**
>
> 儿童需要具备听从指令的能力、模仿能力,以及语言理解和表达能力。
>
> **成人需要准备的**
>
> 成人可以根据儿童的特点,事先编写好以文明用语为主题的社交故事,配合活动的开展。可以准备一些儿童喜欢的零食作为奖励物,例如儿童喜欢的饼干等。

开始玩吧!

- 成人需要创设一些需要儿童向成人求助的情境,要事先对儿童的需求比较了解。例如可以在儿童饿了想要吃饼干时,将饼干放在儿童可以看见但是自己没法够到的地方,并问儿童:"你想吃饼干吗?"如果儿童回答想,这时成人不能直接把饼干给儿童,而是要抓住这个时机,教儿童说"请给我",等儿童模仿说后再把饼干递给他,并教他说"谢谢"后才可以吃。

- 如果儿童不能立即模仿说,或者语言理解有问题,那么可以先让两个成人对情境进行示范,注意"请""谢谢"等礼貌用语的使用,如:"请开门,谢谢。"让儿童在一旁进行观察学习。

- 起初,必须给儿童做全面的示范,如说"你该说谢谢",逐渐可以改为:"你该说什么呀?"慢慢地减少提示。

- 当儿童说出这些礼貌语言时,要给予及时的鼓励。

我们还可以这样玩!

- 可以根据儿童的生活场景编写社会故事,让儿童反复学习,知道自己遇到这些情境时该如何做。

🔔 特别要注意的事情

- 要选择恰当的时机进行及时的干预,这样效果会比较好。

掌握了吗?

- 如果儿童能够学会在恰当的社交场合使用"请""谢谢""对不起"等礼貌用语,那么我们的目标就达成了!

55. 让我帮助你（帮助他人）

我们为什么这样做?

在向他人求助时,礼貌用语的使用非常重要。这个活动的目的在于让儿童学说"请""谢谢""对不起"等礼貌用语,并理解每种礼貌用语应该在什么情境下使用。让儿童帮助成人做力所能及的事,锻炼他们的听从指令能力和社交互动能力。

> **儿童需要准备的**
>
> 儿童需要具备听从指令的能力、模仿能力,以及语言理解和表达能力。能理解和说出"请""谢谢"等礼貌用语。
>
> **成人需要准备的**
>
> 成人可以根据儿童的特点,事先编写好以文明用语为主题的社交故事,配合活动的开展。

开始玩吧!

- 这种训练不需要准备特别的材料,结合日常生活情境就可以随时进行。例如对儿童说"请帮妈妈把包拿过来"或"请帮妈妈把书拿过来",如果儿童能够听从并完成指令,那么立即拥抱亲吻他,并说"谢谢你"。

- 请儿童把爸爸的笔拿给爸爸,当完成后立即说"谢谢你",同时夸奖他"真棒"或拥抱他。

- 重复这一过程,如帮爷爷、奶奶做……儿童每次做完后都要说"谢谢"并夸奖他,让他知道大家都非常喜欢他的这种行为表现,体验自己的价值感。

我们还可以这样玩!

- 可以根据儿童的生活场景编写社会故事,让儿童反复学习,知道自己遇到这些情境时该如何做。

特别要注意的事情

- 要选择恰当的时机进行及时的干预,这样效果会比较好。
- 要特别注意在儿童做出亲社会行为时立即给予赞赏以强化这一行为的出现。

掌握了吗?

- 如果儿童能够帮助他人做一些力所能及的事情,并逐步掌握"请""谢谢""不客气"等社交语言,那么目标就达成了!

56. 我们是朋友(合作分享)

我们为什么这样做?

这个活动通过让儿童与一个同伴一起玩各种游戏并持续一段较长的时间,可以训练儿童的共同注意能力、等待轮流能力、合作分享能力以及模仿能力。通过和一个同伴的长时间互动,发展儿童对友谊的认识。

儿童需要准备的

儿童需要具备基本的粗大和精细运动能力,一定的轮流能力和模仿能力。

如何 发展自闭谱系障碍儿童的社会交往能力

> **成人需要准备的**
>
> 成人事先准备好积木、玩具车、洋娃娃、皮球等儿童喜欢的玩具,并邀请一位同伴加入和儿童的互动中。

开始玩吧!

- 成人为儿童和同伴提供数量充足的玩具,安排他们一起做游戏。开始时为了让儿童能进入共同的游戏空间,可以先让儿童与同伴坐在一起听唱片或听大人讲故事。

- 然后安排儿童与一名年龄相近的同伴玩集体游戏,如推车。将一块厚纸板架在书上,做成一个斜面,将玩具卡车或其他汽车放在斜面的顶端,让儿童从顶端把它们推下来,一个儿童推,一个儿童接,然后相互交换位置。让两个儿童在相距一米左右的地方相对而坐,让他们一来一往地互相推玩具车。在游戏的过程中共同注意、眼神交流等自然得到了锻炼和发展。

- 或者可以给每个儿童一个娃娃和一只奶瓶,让他们假装给娃娃喂奶。如果他们玩得好,要及时地表扬他们。

- 必要时,成人可以加入一起玩,然后逐渐退出游戏,让儿童和同伴一起进行游戏。

我们还可以这样玩！

- 如果活动进行得顺利，在儿童可以和一位同伴顺利地进行游戏后，可以邀请其他同伴一起加入游戏中来，扩大儿童的交往范围。

🔔 特别要注意的事情

- 在选择一起玩游戏的同伴时要特别注意，尽量选择一位与儿童年龄相仿、发展水平相当、有耐心的小朋友和儿童一起玩。

掌握了吗？

- 如果儿童能在成人的指导下，能够和同伴进行一来一往的互动，并且模仿同伴的一些动作和玩法，不拘泥于自己对玩具固定的玩法，那么活动目标就达成了！

57. 洋娃娃游戏（合作进行假装游戏）

我们为什么这样做？

这个活动可以训练儿童的模仿能力，发展儿童的假装游戏能力。通过和成人或同伴的互动，可以在互动过程中增强等待、轮流、合作等能力。

如何 发展自闭谱系障碍儿童的社会交往能力

儿童需要准备的

儿童需要具备基本的模仿能力和语言理解能力。

成人需要准备的

成人先准备好一个玩具娃娃,可以用一张硬纸板充当滑梯。

开始玩吧!

- 成人先抱起一个玩具娃娃,可以边抱边说"好漂亮的娃娃""可爱的宝贝"等。成人将娃娃递给儿童,并对他说:"多可爱的娃娃啊!"然后,让儿童模仿去抱娃娃,亲亲娃娃。

- 把玩具娃娃递给儿童,并让他照顾,例如摇晃娃娃让它睡觉,给玩具娃娃唱歌,把娃娃抱给爸爸等。告诉儿童,当晚上让娃娃睡觉时,让他对娃娃说"晚安",并亲亲娃娃的脸蛋。

- 成人和儿童轮流让娃娃玩滑滑梯。

- 成人和儿童一起玩扮家家酒的游戏,假装洋娃娃要过生日了,一起装饰盘子里的生日蛋糕(可用积木假装),让大家可以一起分享。成人带着儿童唱生日快乐歌。

我们还可以这样玩!

- 如果条件允许,可以邀请同伴和儿童一起玩假装游戏。

第三部分 让我们一起来促进儿童社会交往能力的发展

🔔 特别要注意的事情

- 在选择一起玩游戏的同伴时要特别注意,尽量选择一位与儿童年龄相仿、发展水平相当、有耐心的小朋友和儿童一起玩。
- 成人在和儿童互动的过程中要注意和儿童的眼神交流,并用夸张的动作和欢快的语调与儿童对话,让他觉得很有乐趣。

掌握了吗?

- 如果儿童能对洋娃娃表现出关心和兴趣,能在成人的引领下和娃娃玩简单的假装性的游戏,那么活动目标就达成了!

58. 一起来分享(合作分享)

我们为什么这样做?

这个活动是为了训练儿童的共同注意能力、等待轮流能力、合作分享能力,让儿童能偶尔理解简单的社会规则,能与两三个同伴一起玩,并按成人的要求与其他儿童分享玩具和食物。

> **儿童需要准备的**
> 儿童需要具备听从指令、合作分享的能力。
>
> **成人需要准备的**
> 成人需要准备好小汽车、皮球等儿童喜爱的玩具;水彩笔,画纸;儿童喜欢的小点心;等。邀请两至三位同伴和儿童一起互动。

开始玩吧!

- 成人先教儿童玩简单的集体游戏,提供给儿童与其他年龄相近的同伴接触互动的机会。如让他们推拉玩具、玩球、看画册、用蜡笔涂色等活动,让儿童们把玩具汽车或皮球轮流推过来推过去等。

- 也可以让儿童们玩带有竞赛性质的游戏,如用水彩笔或彩色粉笔比赛涂色等,确保让每一个儿童都能得到奖励。

- 在共同玩一件玩具时,要让儿童知道互相交换和分享的概念,一边说"该你啦",一边和小朋友轮流玩。

- 游戏过后,成人可以递给儿童几块小点心,并对他说:"你吃一块,剩下的分给小朋友吃。"如果儿童能很好地听从指令将点心分给别的小朋友,要及时地予以肯定并表扬他。如果儿童不能照着做,成人需要先进行示范,然后让儿童进行模仿。

我们还可以这样玩!

- 如果条件允许,可以尽可能多地邀请同伴和儿童一起玩假装游戏,增加儿童在真实情境中和同伴互动的机会。

🔔 特别要注意的事情

- 在选择一起玩游戏的同伴时要特别注意,尽量选择那些与儿童年龄相仿、发展水平相当、有耐心的同伴和儿童一起玩。

- 在游戏过程要注意自闭症儿童可能会对和别人近距离的接

触过敏而导致哭闹,要确保其他同伴处于一个"安全距离"内。

掌握了吗?

- 如果儿童能够和其他小朋友一起玩简单的规则游戏,并分享食物,那么活动目标就达成了!

59. 一起来读书(合作分享)

我们为什么这样做?

这个活动可以训练儿童的共同注意能力,和成人进行眼神交流的能力。在想要让成人念故事书时,可以把书递给成人,用恰当的方式和礼貌用语表达自己的需求。

> **儿童需要准备的**
>
> 儿童需要具备一定的共同注意力和社交互动能力。
>
> **成人需要准备的**
>
> 成人可以准备一些儿童喜欢的故事书、家庭相册、报纸杂志等。

开始玩吧!

- 将儿童喜欢的故事书放在桌子上,成人可以问他:"宝宝想听我讲故事吗？"如果儿童表现得想让成人给他念故事书时，成人需要坐在那里示意他让他把书拿过来："宝宝把自己想听的故事书给我。"

- 如果儿童不能有效地听从指令，成人必要时可以提示说："宝宝想听葫芦娃的故事是吗？把那本葫芦娃的书拿来。"当儿童听从指令把书拿给成人时，成人要对这些书表现得很感兴趣，并开始用绘声绘色的语言给儿童讲故事，分享共同的时间和空间，体验亲密的感觉。

- 除了故事书之外，可以把家庭相册当作书本来让儿童看。成人要表现得很感兴趣，和儿童一起看相册时，要及时跟他讲解照片中的人正在哪里做什么，帮助他熟悉家庭成员。

我们还可以这样玩！

- 在看报纸和杂志时，如果里面有有趣的照片和图片，也可以指给儿童看，一起分享阅读的乐趣。

🔔 特别要注意的事情

- 要抓住儿童的兴趣点，供他们选择的故事书应当是他们平时就喜欢读的。在共同阅读的过程中逐步建立亲密、分享的关系。

- 如果儿童具备了一定的语言水平，也可以让他们挑选故事书讲给大人听。

掌握了吗?

- 如果儿童能够在成人的指引下挑选自己喜欢的故事书递给成人,要求成人读给自己听,那么活动目标就达成了!

60. 劳动小能手(提供帮助)

我们为什么这样做?

这个活动可以锻炼儿童的自我照料能力、合作分享能力。儿童通过试着帮助父母做些力所能及的家务事(如扫地、擦盘子等),体现自己的价值感。

> **儿童需要准备的**
>
> 儿童需要具备基本的活动能力和模仿能力。
>
> **成人需要准备的**
>
> 成人需要准备好抹布、扫帚、簸箕等清洁物品。

开始玩吧!

- 开始时,成人只是要求儿童负责收拾好自己的玩具,在玩完后要自己将玩具整理整齐或放进收纳袋内。每次如果儿童照做了,要及时表扬他并给予鼓励。
- 在家庭日常生活中,可以随时随地让儿童参与进来,让他们做力所能及的家务。例如在擦桌子时,如果儿童好奇成人正在做什么并表现出兴趣,成人应抓住时机,立即拿着抹布进行示范,让他模仿自己的动作。要及时地对他说"谢谢",并夸奖他。

- 扫地时,可以让儿童扶着簸箕,把垃圾扫进簸箕中,和成人一起完成扫地的任务。
- 洗衣服时,可以让儿童把床单、枕套扯下来,把衣服放入洗衣机中。
- 每当儿童帮助成人做了什么之后,要及时地感谢并表扬他们,让他们知道自己的所作所为是被称赞的,能够为别人带来帮助和快乐。

我们还可以这样玩!

- 每当儿童帮助成人做了力所能及的家务之后,成人可以给儿童一枚代币,如五角星或者图章等,积累到一定的数量后可以兑换一个更大的礼物或其他奖励。

特别要注意的事情

- 如果开始时自闭症儿童表现得漠不关心,那么成人可以用夸张的声音和动作来吸引他们的注意,让他们觉得成人正在做的洗碗、扫地等家务似乎是十分有趣的事情。
- 要注意安全,在厨房等可能产生危险的地方贴好危险标志提醒儿童注意。

掌握了吗?

- 如果儿童能够帮助父母做一些力所能及的家务活,或者和成人合作完成任务,那么活动的目标就达成了!

61. 社会故事应用举例

我们为什么这样做?

在第一部分中,我们曾简要介绍过社会故事法的相关内容。社会故事法具备三个显著的特征。首先,社会故事不是用来控制孩子行为的手段,而是以教育为目的。其次,社会故事的题目是按孩子的需要而决定,所以编写故事时家长需要多理解及调查孩子某些行为出现的原因并了解他们的真正需要。换言之,编写社会故事的第一步便是从关注行为当中考虑孩子可能面对的困难,然后推断出孩子需要理解的社会目标,以确定故事的主题和焦点。社会故事能否成功很大程度是取决于家长能否在这一阶段解开孩子不恰当行为的原因。再者,家长在编写故事时,要从孩子的立场和角度出发,使他们明白及认同场合或情况需要。经过数十年的发展,社会故事法的干预效果得到了不少研究的支持,并被认为是一种很有希望、很有前景的干预方法。

至于如何撰写一个社会故事,很多家长可能会觉得无从下手。本节将举例介绍一些社会故事的写法,希望能对家长们为自己的孩子撰写社会故事提供一些启发和帮助。必须要特别注意的一点是,在真正动手撰写社会故事之前,必须先对自闭症儿童进行长期细致的观察,并对其问题行为进行功能性分析,以确定问题的症结,从而确定故事的主题。因为,下文中介绍的这些社会故事只是提供了撰写的范例,而不能直接套用。

(1) 社会故事《跑》

这篇社会故事《跑》是为一名假想的九岁患儿编写的,该患儿被诊断为轻度自闭症,智力功能基本正常,有一定阅读能力,但存在不能自制、不分场合的跑动行为,多次因只顾跑动而受伤。故事中包含了几种不同的句型,其构成符合美国心理学家格雷(Gray)建议的标准。具体内容如下[①]:

我叫小林。(前导句)

我喜欢跑,快跑很有趣。(描述句)

在操场上可以跑。(肯定句)

在房间里不可以跑,特别是在教室里。(肯定句)

在人群里跑,老师会担心有人受伤。(观点句)

跑步时摔伤,我可以告诉老师,老师会带我去看医生。(合作句)

在走廊上我会走,只在操场上跑。(引导句)

---

① 李晓,尤娜,丁月增.社会故事法在儿童自闭症干预中的应用研究述评[J].中国特殊教育,2010(2):42—47.

上楼梯时,我会＿＿＿＿＿＿＿＿＿＿。(部分句)

(2) 社会故事《擤鼻涕》

文文是一名八岁的患有自闭症的学生,现在就读于特殊学校三年级,对文字很有兴趣。流鼻涕时,他常常用手抹鼻涕,很不卫生。老师虽然曾多次告诉他要用纸巾拭抹,但他却常常忘记。因此为他编写一个社会故事,提醒他要用纸巾或手巾抹鼻涕。[①]

故事1　什么时候我要擤鼻涕呢?

鼻子里会有鼻涕。

有时我患了感冒,有时我得了鼻敏感,

这时候鼻子里的鼻涕真多。

有时候因为其他原因,

我鼻子里会有很多鼻涕。

擤鼻涕、抹鼻涕是一件平常的事。

故事2　什么叫"擤鼻涕"?

有时我会感到鼻子塞住了,

这表示我鼻子里可能有鼻涕。

有人会说:"你的鼻子塞住了!"

我可以用力把鼻子里的鼻涕擤出来。

这就叫"擤鼻涕"。

---

① http://www.cautism.com/2008/6—17/09320462837.html,2011年8月20日。

故事 3 什么叫"抹鼻涕"?

有时我会流鼻涕,

这表示鼻涕正流到我的脸上。

有人会说:"你流鼻涕了!"

我就可能要抹鼻涕。

"抹鼻涕"就是把鼻涕从脸上抹去。

故事 4 我用什么来擤鼻涕、抹鼻涕呢?

我用纸巾来擤鼻涕、抹鼻涕。

纸巾是一块正方形的柔软棉纸。

纸巾有很多颜色,可能是白色,

也可能是其他颜色。

我可以用纸巾擤鼻涕、抹鼻涕。

大人知道在哪里可以找到纸巾。

故事 5 我怎么用纸巾?

大人会教小孩怎样用纸巾。

大人可能会帮我擤鼻涕、抹鼻涕。

我也可以自己擤鼻涕、抹鼻涕。

擤鼻涕、抹鼻涕的步骤是这样的。

| 第三部分 | 让我们一起来促进儿童社会交往能力的发展

第一步：找一盒纸巾。

图 1-1

第二步：从纸巾盒里拿出一张纸巾。

图 1-2

第三步：把纸巾放在我鼻子上。

图 1-3

第四步：轻轻抹走鼻涕，或把鼻涕喷在纸巾上。

图 1-4

第五步：把用过的纸巾放进垃圾箱。

图 1-5

我会试试，

依照这些步骤来擤鼻涕、抹鼻涕。

大人会帮助我学会这些步骤，

这样，

我就可以学会怎样擤鼻涕、抹鼻涕了。

(3) 社会故事《拍皮球》

成成是一名阿斯伯格症患者，他已经九岁了，在一所普通小学随班就读，很喜欢玩拍皮球的游戏。课间体育活动时，他经常表现得想要接近同学，和他们一起玩拍皮球的游戏，但是他并不明白同学可能正在忙别的事情,不能跟他玩。成成总是将球扔向同学,而不是询问同学是否能陪自己一起玩游戏。当同学纷纷躲开他时,他就会变得非常不高兴,甚至大哭大闹。针对成成这种难以用语言表达自己的想法,不能用恰当的行为引起他人注意的情况,我们为他编写了下面这个社会故事《拍皮球》:

我喜欢玩拍皮球。

我有一个新的皮球。

我希望小童可以和我一起玩拍球的游戏。

有时候,小童在开心地玩着跳绳。

当我想要小童和我一起玩时,

我会拍拍他的肩膀。

我会说:"小童,和我一起玩拍皮球好吗?"

我会试着不要在小童还没有答应的时候就把球扔向他。

我会学着邀请小童和我一起玩拍皮球。

第四部分

资源推荐

一、推荐儿童书及绘本

1. 猜猜我有多爱你
2. 我有我感觉
3. 你是特别的,你是最好的
4. 世界是你的
5. 我看见的世界
6. 小熊温尼·菩历险记
7. 一只聪明的小狐狸
8. 摘星游戏
9. 完美成长故事美绘本:社交行为(亲子版)
10. 亮亮成长故事(社交篇)(全四册)
11. 我们爱生活家庭教养绘本系列(全6册)
12. 阿秋和阿狐
13. 让路给小鸭子
14. "我的感觉"系列
15. 和甘伯伯去游河

16. 青蛙弗洛格的成长故事

17. 不要随便跟陌生人走

18. 糟糕,身上长条纹了!

二 推荐家长书目

1. 玩出成功潜能：在游戏中培养儿童的自信与社交能力
2. 提升宝宝社交能力的 42 种方法
3. 自闭症儿童社交游戏训练——给父母及训练师的指南
4. 奇迹般的童年（0—5 岁儿童发展与教育指南）
5. 自闭症孩子的春天（一本给自闭儿父母及训练师的实用操作手册）
6. 孤独症儿童情绪调整与人际交往训练指南
7. 孤独症儿童社会性教育指南
8. 与自闭症儿子同行 1：原汁原味的育儿
9. 与自闭症儿子同行 2：通往自立之路
10. 窗边的小豆豆
11. 自闭症儿童社会情绪技能训练
12. 特殊儿教养宝典：促进智力和情绪成长的全新疗法——地板时光疗法
13. 做看听说——自闭症儿童社会与沟通技能介入手册

推荐 app

1. 协康会——儿童情境学习

2. 布朗博士的自闭症 DX

3. 图片沟通辅助

4. 谁在那里？

5. 儿童睡前小故事

6. 一点点爱——同伴交往

7. 鬼脸——儿童游戏

8. 笨笨熊的故事——桔子月亮

9. 亲子互动游戏大全

10. Buzz Me!

11. iTunes U 课程：Apps for Students with Autism Spectrum Disorders(英文)

12. Autism Asperger's digest(英文)

13. Social stories creator and library for preschool, autism and special needs(英文)

14. Social talks(英文)

15. Social skills sampler(英文)

四 推荐网站

1. Autism Society：http://www.autism-society.org/
2. Autism Speaks：http://www.autismspeaks.org/
3. 香港协康会：http://www.heephong.org/

本书参考文献

[1] Brian Reichow, Fred R. Volkmar. Social skills interventions for individuals with autism: Evaluation for evidence-based practices within a best evidence synthesis framework[J]. Journal of Autism and Developmental Disorders, 2009, 8(3): 149—166.

[2] Gray C, Garand JD. Social stories: improving responses of students with autism with accurate social information[J]. Focus on Autistic Behavior, 1993, 8(1): 1210.

[3] Panerai S et al. Benefits of the treatment and education of autistic and communication handicapped children (TEACCH) programme as compared with a non-specific approach[J]. Journal of Intellectual Disability Research, 2002, 46(4): 318—327.

[4] http://ibbs.ci123.com/post/4322.html,2011年7月28日

[5] Clarissa Willis. Teaching Young Children With Autism Spectrum Disorder[M]. Beltsville: Gryphon House, 2006: 158.

[6] Kazdin A. The relationship of role-play assessment of children's social skills to multiple measures of social competence [J]. Behaviour Research and Therapy,1984,22:129—140.

[7] http://wenku.baidu.com/view/7c078cd950e2524de5187e19.html,2011年8月25日.

[8] Julia Moor. Playing, Laughing and Learning with Children on the Autism Spectrum: A Practical Resource of Play Ideas for Parents and Carers[M]. London: Jessica Kingsley Publishers,2008:21—33.

[9] Nancy M. Johnson-Martin, Susan M. Attermeier, Bonnie J. Hacker. The Carolina Curriculum for Infants and Toddlers With Special Needs third edition [M]. London: Paul H Brookes Pub Co. 2004:2—3;95—96.

[10] Tara Delaney. 101 Games and Activities for Children with Autism, Asperger's and Sensory Processing Disorders[M]. New York: McGraw-Hill,2009:117—118.

[11] http://www.cautism.com/2008/6—17/09320462837.html,2011年8月20日。

[12] http://www.skillstreaming.com/,2011年8月29日。

[13] 黄焱.自闭症儿童的游戏治疗[J].现代特殊教育,2008,3:35—36.

[14] 赖仲泰."波特奇"与特殊儿童早期干预[J].现代特殊教育,2005,4:15—16.

[15] 李婷.社会故事在提高自闭症儿童社会交往能力中的应用[J].中小学心理健康教育,2009,6(131):16.

[16] 李晓,尤娜,丁月增.社会故事法在儿童自闭症干预中的应用研究述评[J].中国特殊教育,2010,2:42—46.

[17] 刘凤琴.音乐治疗对自闭症儿童社交障碍的改善作用[J].中小学心理健康教育,2010,5(152):25.

[18] 毛颖梅.游戏治疗的内涵及其对智力障碍儿童心理发展的意义[J].中国特殊教育.2006,10:36—39.

[19] 孙圣涛.自闭症儿童的社会缺陷及其早期干预研究的介绍[J].中国特殊教育,2003,3:68—69.

[20] 孙玉梅,邓猛.自闭谱系障碍儿童社会故事干预有效性研究综述[J].中国特殊教育,2010,8:42—45.

[21] 王纯.自闭症儿童的感觉统合训练疗法研究[J].中国健康心理学杂志,2006,14(5):511—513.

[22] 王梅.自闭症儿童在RDI训练中的问题及应对策略[J].现代特殊教育,2009,5:36—37.

[23] 魏惠萱.社会故事.特殊教育丛书:特殊教育现在与未来(9601辑)[M].台中:台中教育大学特殊教育中心,2007:107—108.

[24] 魏寿洪,王雁. 自闭症儿童社会技能评估的研究进展[J]. 中国特殊教育,2010,10:51—56.

[25] 杨蕢芬,等. 自闭症儿童社会情绪技能训练[M]. 台北:心理出版社股份有限公司,2003:24;31—33;38—40;191—192.

[26] 杨广学. 自闭症"地板时光"疗法(II):观念与逻辑[J]. 中国特殊教育,2009

[27] 尤娜,杨广学. 自闭症"地板时光"疗法(I):关系与表达训练[J]. 中国特殊教育,2008,9:35—39.

[28] 尤娜,杨广学. 自闭症的结构化交际训练:TEACCH方案的考察[J]. 中国特殊教育,2008,6:47—51.

[29] 游素娟. 小学中度自闭症儿童社交技巧训练方案成效之研究. 硕士论文. 花莲:花莲师范学院,2004.

[30] 张旭. RDI:发展自闭症儿童人际交往和适应能力[J]. 现代特殊教育,2006,6:7—8.

[31] 朱友涵,孙桂民. 游戏矫正自闭症儿童异常行为的个案研究[J]. 中国康复医学杂志,2008,23(1):79—80.

[32] 刘琼瑛,译. 特殊儿教养宝典:促进智力和情绪成长的全新疗法——地板时光疗法(上)[M]. 台北:智园出版社,2010:112—116.

[33] 杨宗仁,王盈璎. 做看听说——自闭症儿童社会与沟通技能介入手册[M]. 杨丽娟,译. 台北:心理出版社股份有限公司,2010:64;70—78;79—95.

北京大学出版社
教育出版中心 精品图书

21世纪高校广播电视专业系列教材

电视节目策划教程（第二版）	项仲平
电视导播教程（第二版）	程晋
电视文艺创作教程	王建辉
广播剧创作教程	王国臣
电视导论	李欣
电视纪录片教程	卢炜
电视导演教程	袁立本
电视摄像教程	刘荃
电视节目制作教程	张晓锋
视听语言	宋杰
影视剪辑实务教程	李琳
影视摄制导论	朱怡
新媒体短视频创作教程	姜荣文
电影视听语言——视听元素与场面调度案例分析	李骏
影视照明技术	张兴
影视音乐	陈斌
影视剪辑创作与技巧	张拓
纪录片创作教程	潘志琪
影视拍摄实务	翟臣

21世纪信息传播实验系列教材（徐福荫 黄慕雄 主编）

网络新闻实务	罗昕
多媒体软件设计与开发	张新华
播音与主持艺术（第三版）	黄碧云 眭凌
摄影基础（第二版）	张红 钟日辉 王首农

21世纪数字媒体专业系列教材

视听语言	赵慧英
数字影视剪辑艺术	曾祥民
数字摄像与表现	王以宁
数字摄影基础	王朋娇
数字媒体设计与创意	陈卫东

数字视频创意设计与实现（第二版）	王靖
大学摄影实用教程（第二版）	朱小阳
大学摄影实用教程	朱小阳

21世纪教育技术学精品教材（张景中 主编）

教育技术学导论（第二版）	李芒 金林
远程教育原理与技术	王继新 张屹
教学系统设计理论与实践	杨九民 梁林梅
信息技术教学论	雷体南 叶良明
信息技术与课程整合（第二版）	赵呈领 杨琳 刘清堂
教育技术学研究方法（第三版）	张屹 黄磊

21世纪高校网络与新媒体专业系列教材

文化产业概论	尹章池
网络文化教程	李文明
网络与新媒体评论	杨娟
新媒体概论	尹章池
新媒体视听节目制作（第二版）	周建青
融合新闻学导论（第二版）	石长顺
新媒体网页设计与制作（第二版）	惠悲荷
网络新媒体实务	张合斌
突发新闻教程	李军
视听新媒体节目制作	邓秀军
视听评论	何志武
出镜记者案例分析	刘静 邓秀军
视听新媒体导论	郭小平
网络与新媒体广告（第二版）	尚恒志 张合斌
网络与新媒体文学	唐东堰 雷奕
全媒体新闻采访写作教程	李军
网络直播基础	周建青
大数据新闻传媒概论	尹章池

21世纪特殊教育创新教材·理论与基础系列

特殊教育的哲学基础	方俊明
特殊教育的医学基础	张婷

融合教育导论（第二版）	雷江华
特殊教育学（第二版）	雷江华 方俊明
特殊儿童心理学（第二版）	方俊明 雷江华
特殊教育史	朱宗顺
特殊教育研究方法（第二版）	杜晓新 宋永宁 等
特殊教育发展模式	任颂焘

21世纪特殊教育创新教材·发展与教育系列

视觉障碍儿童的发展与教育	邓 猛
听觉障碍儿童的发展与教育（第二版）	贺荟中
智力障碍儿童的发展与教育（第二版）	刘春玲 马红英
学习困难儿童的发展与教育（第二版）	赵 微
自闭症谱系障碍儿童的发展与教育	周念丽
情绪与行为障碍儿童的发展与教育	李闻戈
超常儿童的发展与教育（第二版）	苏雪云 张 旭

21世纪特殊教育创新教材·康复与训练系列

特殊儿童应用行为分析（第二版）	李 芳 李 丹
特殊儿童的游戏治疗	周念丽
特殊儿童的美术治疗	孙 霞
特殊儿童的音乐治疗	胡世红
特殊儿童的心理治疗（第三版）	杨广学
特殊教育的辅具与康复	蒋建荣
特殊儿童的感觉统合训练（第二版）	王和平
孤独症儿童课程与教学设计	王 梅

21世纪特殊教育创新教材·融合教育系列

融合教育本土化实践与发展	邓 猛 等
融合教育理论反思与本土化探索	邓 猛
融合教育实践指南	邓 猛
融合教育理论指南	邓 猛
融合教育导论（第二版）	雷江华
学前融合教育（第二版）	雷江华 刘慧丽

21世纪特殊教育创新教材（第二辑）

特殊儿童心理与教育（第二版）	杨广学 张巧明 王 芳
教育康复学导论	杜晓新 黄昭明
特殊儿童病理学	王和平 杨长江
特殊学校教师教育技能	昝 飞 马红英

自闭谱系障碍儿童早期干预丛书

如何发展自闭谱系障碍儿童的沟通能力	朱晓晨 苏雪云
如何理解自闭谱系障碍和早期干预	苏雪云
如何发展自闭谱系障碍儿童的社会交往能力	吕 梦 杨广学
如何发展自闭谱系障碍儿童的自我照料能力	倪萍萍 周 波
如何在游戏中干预自闭谱系障碍儿童	朱 瑞 周念丽
如何发展自闭谱系障碍儿童的感知和运动能力	韩文娟 徐 芳 王和平
如何发展自闭谱系障碍儿童的认知能力	潘前前 杨福义
自闭症谱系障碍儿童的发展与教育	周念丽
如何通过音乐干预自闭谱系障碍儿童	张正琴
如何通过画画干预自闭谱系障碍儿童	张正琴
如何运用ACC促进自闭谱系障碍儿童的发展	苏雪云
孤独症儿童的关键性技能训练法	李 丹
自闭症儿童家长辅导手册	雷江华
孤独症儿童课程与教学设计	王 梅
融合教育理论反思与本土化探索	邓 猛
自闭症谱系障碍儿童家庭支持系统	孙玉梅
自闭症谱系障碍儿童团体社交游戏干预	李 芳
孤独症儿童的教育与发展	王 梅 梁松梅

特殊学校教育·康复·职业训练丛书

（黄建行 雷江华 主编）

信息技术在特殊教育中的应用	
智障学生职业教育模式	
特殊教育学校学生康复与训练	
特殊教育学校校本课程开发	
特殊教育学校特奥运动项目建设	

21世纪学前教育专业规划教材

学前教育概论	李生兰
学前教育管理学（第二版）	王 雯
幼儿园课程新论	李生兰
幼儿园歌曲钢琴伴奏教程	果旭伟

幼儿园舞蹈教学活动设计与指导（第二版）	董丽
实用乐理与视唱（第二版）	代苗
学前儿童美术教育	冯婉贞
学前儿童科学教育	洪秀敏
学前儿童游戏	范明丽
学前教育研究方法	郑福明
学前教育史	郭法奇
学前教育政策与法规	魏真
学前心理学	涂艳国 蔡艳
学前教育理论与实践教程	王维 王维娅 孙岩
学前儿童数学教育与活动设计	赵振国
学前融合教育（第二版）	雷江华 刘慧丽
幼儿园教育质量评价导论	吴钢
幼儿学习与教育心理学	张莉
学前教育管理	虞永平

大学之道丛书精装版

美国高等教育通史	［美］亚瑟·科恩
知识社会中的大学	［英］杰勒德·德兰迪
大学之用（第五版）	［美］克拉克·克尔
营利性大学的崛起	［美］理查德·鲁克
学术部落与学术领地：知识探索与学科文化	［英］托尼·比彻 保罗·特罗勒尔
美国现代大学的崛起	［美］劳伦斯·维赛
教育的终结——大学何以放弃了对人生意义的追求	［美］安东尼·T.克龙曼
世界一流大学的管理之道——大学管理研究导论	程星
后现代大学来临？	［英］安东尼·史密斯 弗兰克·韦伯斯特

大学之道丛书

市场化的底限	［美］大卫·科伯
大学的理念	［英］亨利·纽曼
哈佛：谁说了算	［美］理查德·布瑞德利
麻省理工学院如何追求卓越	［美］查尔斯·维斯特
大学与市场的悖论	［美］罗杰·盖格
高等教育公司：营利性大学的崛起	［美］理查德·鲁克
公司文化中的大学：大学如何应对市场化压力	［美］埃里克·古尔德
美国高等教育质量认证与评估	［美］美国中部州高等教育委员会
现代大学及其图新	［美］谢尔顿·罗斯布莱特
美国文理学院的兴衰——凯尼恩学院纪实	［美］P.F.克鲁格
教育的终结：大学何以放弃了对人生意义的追求	［美］安东尼·T.克龙曼
大学的逻辑（第三版）	张维迎
我的科大十年（续集）	孔宪铎
高等教育理念	［英］罗纳德·巴尼特
美国现代大学的崛起	［美］劳伦斯·维赛
美国大学时代的学术自由	［美］沃特·梅兹格
美国高等教育通史	［美］亚瑟·科恩
美国高等教育史	［美］约翰·塞林
哈佛通识教育红皮书	哈佛委员会
高等教育何以为"高"——牛津导师制教学反思	［英］大卫·帕尔菲曼
印度理工学院的精英们	［印度］桑迪潘·德布
知识社会中的大学	［英］杰勒德·德兰迪
高等教育的未来：浮言、现实与市场风险	［美］弗兰克·纽曼等
后现代大学来临？	［英］安东尼·史密斯等
美国大学之魂	［美］乔治·M.马斯登
大学理念重审：与纽曼对话	［美］雅罗斯拉夫·帕利坎
学术部落及其领地——当代学术界生态揭秘（第二版）	［英］托尼·比彻 保罗·特罗勒尔
德国古典大学观及其对中国大学的影响（第二版）	陈洪捷
转变中的大学：传统、议题与前景	郭为藩
学术资本主义：政治、政策和创业型大学	［美］希拉·斯劳特 拉里·莱斯利
21世纪的大学	［美］詹姆斯·杜德斯达
美国公立大学的未来	［美］詹姆斯·杜德斯达 弗瑞斯·沃马克
东西象牙塔	孔宪铎
理性捍卫大学	眭依凡

学术规范与研究方法系列

如何为学术刊物撰稿（第三版）	［英］罗薇娜·莫瑞

如何查找文献（第二版）	[英] 萨莉·拉姆齐
给研究生的学术建议（第二版）	[英] 玛丽安·彼得 等
社会科学研究的基本规则（第四版）	[英] 朱迪斯·贝尔
做好社会研究的10个关键	[英] 马丁·丹斯考姆
如何写好科研项目申请书	[美] 安德鲁·弗里德兰德 等
教育研究方法（第六版）	[美] 梅瑞迪斯·高尔 等
高等教育研究：进展与方法	[英] 马尔科姆·泰特
如何成为学术论文写作高手	[美] 华乐丝
参加国际学术会议必须要做的那些事	[美] 华乐丝
如何成为优秀的研究生	[美] 布卢姆
结构方程模型及其应用	易丹辉 李静萍
学位论文写作与学术规范（第二版）	李 武 毛远逸 肖东发
生命科学论文写作指南	[加] 白青云
法律实证研究方法（第二版）	白建军
传播学定性研究方法（第二版）	李 琨

21世纪高校教师职业发展读本

如何成为卓越的大学教师	[美] 肯·贝恩
给大学新教员的建议	[美] 罗伯特·博伊斯
如何提高学生学习质量	[英] 迈克尔·普洛瑟 等
学术界的生存智慧	[美] 约翰·达利 等
给研究生导师的建议（第2版）	[英] 萨拉·德拉蒙特 等

21世纪教师教育系列教材·物理教育系列

中学物理教学设计	王 霞
中学物理微格教学教程（第三版）	张军朋 詹伟琴 王 恬
中学物理科学探究学习评价与案例	张军朋 许桂清
物理教学论	邢红军
中学物理教学法	邢红军
中学物理教学评价与案例分析	王建中 孟红娟
中学物理课程与教学论	张军朋 许桂清
物理学习心理学	张军朋
中学物理课程与教学设计	王 霞

21世纪教育科学系列教材·学科学习心理学系列

数学学习心理学（第三版）	孔凡哲
语文学习心理学	董蓓菲

21世纪教师教育系列教材

教育心理学（第二版）	李晓东
教育学基础	庞守兴
教育学	余文森 王 晞
教育研究方法	刘淑杰
教育心理学	王晓明
心理学导论	杨凤云
教育心理学概论	连 榕 罗丽芳
课程与教学论	李 允
教师专业发展导论	于胜刚
学校教育概论	李清雁
现代教育评价教程（第二版）	吴 钢
教师礼仪实务	刘 霄
家庭教育新论	闫旭蕾 杨 萍
中学班级管理	张宝书
教育职业道德	刘亭亭
教师心理健康	张怀春
现代教育技术	冯玲玉
青少年发展与教育心理学	张 清
课程与教学论	李 允
课堂与教学艺术（第二版）	孙菊如 陈春荣
教育学原理	靳淑梅 许红花
教育心理学	徐 凯

21世纪教师教育系列教材·初等教育系列

小学教育学	田友谊
小学教育学基础	张永明 曾 碧
小学班级管理	张永明 宋彩琴
初等教育课程与教学论	罗祖兵
小学教育研究方法	王红艳
新理念小学数学教学论	刘京莉
新理念小学音乐教学论（第二版）	吴跃跃

教师资格认定及师范类毕业生上岗考试辅导教材

教育学	余文森 王 晞
教育心理学概论	连 榕 罗丽芳

21世纪教师教育系列教材·学科教育心理学系列

语文教育心理学	董蓓菲
生物教育心理学	胡继飞

21世纪教师教育系列教材·学科教学论系列

新理念化学教学论（第二版）	王后雄
新理念科学教学论（第二版）	崔 鸿 张海珠
新理念生物教学论（第二版）	崔 鸿 郑晓慧
新理念地理教学论（第三版）	李家清
新理念历史教学论（第二版）	杜 芳
新理念思想政治（品德）教学论（第三版）	胡田庚
新理念信息技术教学论（第二版）	吴军其
新理念数学教学论	冯 虹
新理念小学音乐教学论（第二版）	吴跃跃

21世纪教师教育系列教材·语文教育系列

语文文本解读实用教程	荣维东
语文课程教师专业技能训练	张学凯 刘丽丽
语文课程与教学发展简史	武玉鹏 王从华 黄修志
语文课程学与教的心理学基础	韩雪屏 王朝霞
语文课程名师名课案例分析	武玉鹏 郭治锋等
语用性质的语文课程与教学论	王元华
语文课堂教学技能训练教程（第二版）	周小蓬
中外母语教学策略	周小蓬
中学各类作文评价指引	周小蓬
中学语文名篇新讲	杨朴 杨旸
语文教师职业技能训练教程	韩世姣

21世纪教师教育系列教材·学科教学技能训练系列

新理念生物教学技能训练（第二版）	崔 鸿
新理念思想政治（品德）教学技能训练（第三版）	胡田庚 赵海山
新理念地理教学技能训练（第二版）	李家清
新理念化学教学技能训练（第二版）	王后雄
新理念数学教学技能训练	王光明

王后雄教师教育系列教材

教育考试的理论与方法	王后雄
化学教育测量与评价	王后雄
中学化学实验教学研究	王后雄
新理念化学教学诊断学	王后雄

西方心理学名著译丛

儿童的人格形成及其培养	［奥地利］阿德勒
活出生命的意义	［奥地利］阿德勒
生活的科学	［奥地利］阿德勒
理解人生	［奥地利］阿德勒
荣格心理学七讲	［美］卡尔文·霍尔
系统心理学：绪论	［美］爱德华·铁钦纳
社会心理学导论	［美］威廉·麦独孤
思维与语言	［俄］列夫·维果茨基
人类的学习	［美］爱德华·桑代克
基础与应用心理学	［德］雨果·闵斯特伯格
记忆	［德］赫尔曼·艾宾浩斯
实验心理学（上下册）	［美］伍德沃斯 施洛斯贝格
格式塔心理学原理	［美］库尔特·考夫卡

21世纪教师教育系列教材·专业养成系列（赵国栋主编）

微课与慕课设计初级教程	
微课与慕课设计高级教程	
微课、翻转课堂和慕课设计实操教程	
网络调查研究方法概论（第二版）	
PPT云课堂教学法	
快课教学法	

其他

三笔字楷书书法教程（第二版）	刘慧龙
植物科学绘画——从入门到精通	孙英宝
艺术批评原理与写作（第二版）	王洪义
学习科学导论	尚俊杰
艺术素养通识课	王洪义